歴史文化ライブラリー

14

甲子園野球と日本人

メディアのつくったイベント

有山輝雄

吉川弘文館

目次

マスメディアイベントとしての甲子園野球

充満するイベント

　われわれの周辺には、実にさまざまな出来事があふれている。大地震、飛行機事故、殺人。しかも、われわれがそうした出来事を知るのは、マスメディアの報道を通してである。毎日毎日、朝食を食べながら習慣的に新聞を開くとき、夜つけっぱなしのテレビが流し始めたニュース番組を漠然と眺めるとき、「前代未聞」のようであり、かつ毎度おなじみのようでもあるさまざまな出来事が今日も数多く発生したことを知るのである。

　しかも、充満する出来事についてちょっと考えてみると分かるのは、その多くが実は人工的に作られたものであるということである。確かに、大地震などのようにまったく予知不可能な自然災害もあり、そうした事件に遭遇すれば上を下への大騒動となるのであるが、われわれは来週の土曜日から東京で世界先進国首脳の集まるサミットが開催されることを知っているし、明日はプロ野球日本シリーズが始まることも知っているのである。そうした出来事は、事前に十分に計画され、あらかじめ人々に広く予告された出来事である。前もってそれらを知っているからこそ、その行方に興味津々の関心が集まることになる。われわれは、こうした人工的に作られた出来事に取り囲まれて生活している。

アメリカの歴史家ブーアスティンは、われわれの経験に充満している「合成的な新奇な出来事」を「疑似イベント」と呼んでいる（星野郁美・後藤和彦訳『幻影の時代　マスコミが製造する事実』東京創元社、一九六四年）。彼があげている「疑似イベント」の特徴は、次のようなことである。①自然発生的でなく、誰かがそれを計画し、たくらみ、あるいは煽動したために起こるものである。②本来、報道され、再現されるという直接の目的のために仕組まれたものである。③現実との関係はあいまいで、このあいまいさのために人々の興味を引き起こす。④ただいま大ヒット中と宣伝することによって実際に大ヒットを作り出す、いわゆる「予言の自己実現」としてくわだてられている。

ブーアスティンのいう「疑似イベント」の概念は広いが、なかでも「疑似イベント」の典型的なものは、オリンピックとか万国博覧会といった大規模な催し物であろう。現在、それらは通常たんにイベントと呼ばれている。それらは、巨額の投資によって広大な会場に人目をひくパビリオン、新奇な展示物などがしつらえられるのであるが、イベントの成否にとってそれ以上の大きな問題は、驚異の出来事であると書き立てる宣伝活動であり、もっぱらそれをになうのはマスメディアである。マスメディアが「空前」の大事件と報道することによってはじめて「空前」の出来事となり、イベントとして成立するのである。

マスメディアイベント

イベントとマスメディアとの関わりは、マスメディアが政府などの主催するイベントの宣伝機関となることだけではない。マスメディア自身がイベントを創出していくことになるのである。イベントがマスメディアの報道評論などによって拡大するものである以上、マスメディア自身がそれを企画し演出する活動に赴くようになるのは必然的なことだろう。それは、マスメディアの経営に組み込まれていく。

無論、イベントそのものの収益に期待することもある。しかし、それ以上にマスメディアにとって出来事を人工的に作っていくことはきわめて有効な経営戦術であった。マスメディアは毎日毎日読者の関心をひきつけるニュースを必要とし、今日は伝えるに値するニュースがないからといって白紙で発行するわけにはいかない。しかも、ありきたりではなく、他の新聞が伝えない独自のニュースを掲載していくこと、すなわち自分の新聞を他の新聞から差異化することが必要である。

斬新なニュースの発掘、自紙の差異化は、元来は発行者の持つ意見あるいは独自の視点からの報道によって生まれるもので、それは強靭でねばり強い活動の成果である。しかし、それよりもっと即席に自紙を差異化する方法は、自らが出来事を作り出し、それを大事件として大々的に報道していくことである。

自社の作り出したイベントは、自社でしか報道されないから他の新聞と明瞭に異なる紙面を作成することができ、そのイベントが「予言の自己成就」として実際に大事件となれば、新聞社も話題となる。イベントによって個性を形成した新聞は、それをてこに読者拡大をはかり、広告集稿にあたるのである。そうしたマスメディア自体が作り出すイベントをマスメディアイベントと呼ぶことができよう。

マスメディアイベントは、欧米の新聞でも見られる現象で、アメリカの新聞社などでは、離れ業的事件（stunts）を自ら作り出していく手法が盛んに行なわれた。だが、日本の場合、ほとんどの新聞が「不偏不党」を自称する同質的状況のために、欧米の新聞社以上に大小さまざまなイベントを日常的に作り出し、経営拡大の重要な手段としてきたといえる。新聞社の作り出したイベントは、納涼花火大会から大規模な博覧会、スポーツ全国大会と実に多種多様で、われわれの生活のなかに何げないかたちで組み込まれてきた。

しかも、マスメディアイベントは、マスメディアの経営戦略として重要であるだけではない。われわれの体験として大きな意味をもっている。

イベント体験

現在の歴史研究者が歴史上の重要事件として論じていることが、同時代人において重要事として体験されたとは限らない。むしろ、当時のマスメディアが大事件として報道したイベントのほうが人々の意識に強い影響を与え、大きな意味をもってきたことはある。それは、歴史研究者からいわせれば、目先の出来事に左右された浅はかな歴史認識の誤りということになるのかもしれないが、そうであったとしてもその時代を生きた人にとって深い印象をあたえた体験の意味は重い。しかも、マスメディアイベントは、人工的に作られた出来事であるにしても、それがたんなる偽物であるということではない。むしろ、「疑似イベント」は、われわれの生活のなかできわめてリアルな出来事として体験されているのである。

しかも、人工的に作られるイベントといえども、人々の意識とまったく無関係に成立するわけではなく、その時代の社会や人々の意識、特に願望や夢に深く結びついたかたちで作られていくのである。イベントは、日常性のなかで隠れて見えにくいその時代の意識や価値の具体的表現として形成されるともいえる。そして、人々はイベントに直接間接に参加することによってそれらの時代意識や価値を確認あるいは活性化していく。

そうした意味で、イベントには花火大会のように瞬間的な興奮を満足させて終わるものもあるが、大規模で継続的なものは、その場のスリリングな面白さや好奇心を満足させる仕掛けの奥に顕在的もしくは潜在的に何らかの主題をもって形成される。たとえば、内国勧業博覧会は日本の産業化への鼓舞である。そして、先にも触れたとおり、マスメディアはイベントの報道を通してその主題を宣伝し説明していく役割を果たす。

マスメディアは、展示されている機械・物産の高い意義などを紙面やパンフレットで詳細に説明していく。理解しがたい形状をした鉄の塊は、事前に用意された言葉の説明があってはじめて最新鋭の紡績機械であることが理解され、輝かしい産業の未来が見えてくるのである。イベントには展示物と会場だけでなく、その文化的産業的意義を理解させる認識の枠組み、一定のテーマを持った物語の用意が必要であり、人々はマスメディアの提供する認識の枠組みにしたがって展示物とそれが語ろうとするテーマを深く理解することになるのである。マスメディアの言説は、イベント会場に人々を煽り誘導するだけでなく、人々にイベント体験の解釈枠組みを提供し、意味形成を促しているのである。

さらにマスメディアは、イベントの盛況と来場者の熱狂を感動的に報道することによってイベントの主題をいっそう増幅し広範に広めていくことになる。メディアによる間接的イベント体験のほうが、会場の混乱や見逃しといった夾雑物が捨象されているだけ、イベント主題のエッセンスを人々に印象づけることになるだろう。

イベントは、やはり言説によって支えられなければ、成立定着することはできないのである。このようにイベントの主題を物語化し、浸透させ、一定の体験形成をうながすことにおいてマスメディアは、きわめて重要な役割を果たすのである。

そして、イベントが、われわれの社会の願望や夢を集約的に表現し一つの物語として提示するものであれば、マスイベントの仕掛けとそれが作る物語には、日常では見えにくいわれわれの社会意識・価値観が浮かびあがってきているはずである。ことにマスメディアの作り出しているイベントが大きなものになればなるほど、われわれの社会の基層により深く根ざし、深層の意識や価値観を顕在化しているといえるだろう。

マスメディアイベントとしての高校野球

現在、マスメディアが作りだしたイベントとして最も大きな成功をおさめているのは、夏と春に甲子園球場で開催される高校野球である。甲子園の野球大会は、今や「国民的行事」と称されるほど全国の野球ファンを熱狂させている。だが、この「国民的事業」は、もともと朝日新聞社と毎日新聞社という二つの新聞社の主催事業として始まったものである。最初は全国優勝野球大会という名称であった夏の全国高校野球選手権大会は、一九一五（大正四）年朝日新聞社によって開催された。その九年後の一九二四（大正一三）年、毎日新聞社によって春の選抜野球大会が開催された。大阪に本拠をおき、当時発行部数・経営内容ともにほぼ拮抗していた朝日新聞社と毎日新聞社は、さまざまな面で激しい競争を展開していたが、全国中学野球大会の開催ということでも競い合い、甲子園野球を盛り上げていったのである。現在では、あまりに巨大化し、主催新聞社の影がかすんでしまうほどである。野球の母国であるアメリカでは、高校生（戦前は中学生）の野球が、これほどの盛り上がりをみせることはなく、まさに日本独特の現象といえよう。

最近では、主催者の新聞社でさえその過熱ぶりに戸惑いを隠せなくなっている。「朝日新聞」一九八五年八月七日社説「甲子園の夏はふだん着で」は、次のように論じている。

（前略）選手をちやほやすることも反省したいと思う。甲子園大会は、今や郷土愛が織りなす日本の祭にもなった。選手たちは郷土の誇りであり期待である。甲子園出場には後援会と寄付がつきものになってしまった。昨年の例では、四九校で十四億六千八百万円もの寄付金が集められている。最も少ないところで三百二十万円、多いところでは一億円を超している。こんなカネを使う高校生のスポーツ大会は、ほかに例がない。いかに野球が国民的スポーツであるとはいえ、野球だけがこんなに優遇されていいはずはない。もちろん、この寄付金は、すべてを選手が使うわけではない。大半は年々盛んにくりこむ応援団の費用に充てられている。しかし、こうした多額の寄付金が自分たちのために集まるという思い、それが選手たちを甘やかし、ひいては英雄主義、スター主義をあおりたてはしないだろうか。（中略）こんな甘やかしから、どうして、あの選手宣誓にうたうスポーツマン精神が培われるだろうか。（中略）時代に逆行するようではあるが、高校野球は、できるだけ質素を心がけてもらいたい。その方が選手の顔が輝くことを、伝統の甲子園ファンは知っているはずだ。

「高校生のスポーツ大会」に出場するだけで、一四億もの寄付金が集まるなどというのは、確かに異常なことだ。甲子園野球大会が、これほどまでに巨大化したのは、野球そのものの面白さもあるだろう。しかし、それだけではなく、われわれの側が、技術的には未熟な高校生の野球を面白くかつ感動的なものと見てしまう認識の枠組みと価値観を持っているのである。それは、ある種の眼鏡を通して甲子園野球を見ているということであり、その眼鏡が広く共有されているからこそ、高校生（中学生）の野球に感動し、高校生の野球大会が異常なほどの盛り上がりを見せてきたのである。

そうした枠組みや価値観の形成や定着にマスメディアの果たした役割は大きい。主催者である朝日新聞社・毎日新聞社は、大会を組織化しただけではなく、独特の野球を作り上げ、それを見るための眼鏡も用意してきた。そして、それにあった感動的な物語が大会ごとに数限りなく語られ、われわれのなかに定着し蓄積されていったのである。

だが、現在、われわれは特別の眼鏡をかけて高校生の野球を見ていると格別意識しているわけではない。それは、一面では、マスメディアの提供した眼鏡にそれほどまで慣れ親しんでしまったということである。しかし、それだけではなく、眼鏡を通して見る高校生の野球が、われわれの夢や願望、広い意味での価値観と合致しているからでもあろう。さらに、われわれの眼鏡もマスメディアが一方的に作ったものではなく、一定の社会的脈絡のなかで生成してきたものをマスメディアが強化結晶化したと考えられる。

甲子園野球大会というマスメディアイベントは、われわれの価値観の表現ともなっているのである。しかも、それが、これほどまでに大きな人気を博したということは、たんなるスポーツ領域にとどまらず、もっと広い社会的価値観の具現化と見ることができるだろう。大正初期に生まれ、約八〇年の歴史を刻んできた甲子園野球大会は、近代日本のどのような価値観を具現化してきたのであろうか。さらにその野球観はどのようにして形成されてきたのであろうか。

原型としての一高野球

ベースボールから野球へ

野球という言葉

現在、実に多種多様なスポーツが広まり、楽しまれている。しかも、最近は多くのスポーツが格別の翻訳語は作られず、ゴルフ、サーフィン、スカッシュといったように、そのままカタカナ言葉で呼ばれることが多い。むしろ、以前は翻訳語で呼ばれていたスポーツでさえ、カタカナで呼ばれることが多くなったようだ。庭球とか籠球《ろうきゅう》という言葉はあまり聞かれなくなり、もっぱらテニスとかバスケットボールというのが普通になってきている。カタカナ言葉のほうが、シャレてかっこよく、スポーツの雰囲気に合っている感じである。

ところが、野球だけは、ベースボールと言われることもあるが、依然として野球という日本語のほうが用いられている。これは、奇妙といえば奇妙である。野球という翻訳語がすっかり定着し、何の違和感もないということであろう。しかも、それだけではなく、われわれが野球という言葉を使うとき、野球は完全に日本の文化の一部になっている、アメリカのベースボールとは違ったものだという意識が暗黙のうちに含まれているようにも思える。

最初に、ベースボールを野球と訳したのは、俳人の正岡子規であるという説がある。この説が広まったのは、子規の門下生である河東碧梧桐《かわひがしへきごとう》がその随筆のなかで「ベースボールを訳して野球と書いたのは子規が嚆矢《こうし》である」と書いたことによるようである。実際、一高時代の子規は野球に熱中し、野球ユニホーム姿の彼の写真も残っているほどである。また、『子規全集』に収録されている一八九〇（明治二三）年ごろの友人宛の手紙では、幼名の「昇」をもじって「野球（ノ・ボール）」という号を用いており、そのほかに「能球」「野暮流」といった号もある。

これらが彼の熱中したベースボールから連想した号であることは明らかだが、ベースボールそのものを野球と訳したわけではない。それは、子規が一八九六（明治二九）年七月二三日から新聞「日本」紙上にベースボール紹介記事「ベースボール」を連載しているなかで、わざわざ「ベースボール未だ曾《かつ》て翻訳語あらず」と断っていることからも分かる。

子規が最初の翻訳者ではないとしても、ベースボールの訳語として野球という言葉が生まれたのは、子規も在学し野球に熱中した第一高等中学校（一高）のベースボール部からであった。明治大正昭和と日本の野球の有力指導者であった飛田穂洲《とびたすいしゅう》は「日本の学生野球精神の発祥地は第一高等学校の校庭である」と述べているが、野球という言葉も、やはり一高から発祥したのである。

ベースボールを野球と訳した最初は、一高卒業生であった中馬庚《ちゅうまんかなえ》が一八九五（明治二八）年二月二二日発行の一高『校友会雑誌』号外に掲載した「べーすぼーる部史」の「例言」（明治二七年一〇月二八日付）において「未タ我部ノ評決ヲ経スト雖ドモ余ハろんてにす部ヲ庭球トシ我部ヲ野球トセバ大ニ義ニ適セリト信シテ」と書いたことにあるとするのが、現在の定説である。野球という言葉はテニスの翻訳語である庭球からの連想から思いついたようである。

ベースボールそのものは後述するとおり明治の初期から伝えられていた。その後、約二〇年以上も翻訳語もないまま楽しまれてきたのが、一八九〇年代半ばの一高において、苦心して翻訳語が作り出されたのである。それは、たんに言葉の便宜ということ以上に、外国の物珍しい文化風俗をいち早く取り入れて模倣していた段階から、アメリカのベースボールとは違う独自性を意識し始めたことの表れと理解することができる。このころから、日本独特の野球の原型が形成されだしたのである。

ベースボールの伝来

ベースボールの伝来については諸説あるが、大きく見れば二つのルートがあったと考えられる。一つは、日本の学校等に招かれた外国人教師が学生に教え、さらにその学生が周囲に普及させていったルート、もう一つのルートはアメリカ留学帰りの青年が現地で覚えたベースボールを日本に持ち帰り、周囲に広めたのである。

外国人教師が学生にベースボールを教えたのは、一八七三年ごろ、開成学校（現在の東京大学の前身）教師ウィルソン、大学予備門（一高の前身）教師マジェットという二人のアメリカ人が学生に教えたのが最初といわれる。その後、札幌農学校や明治学院等のミッション系学校でも外国人教師が学生に教え、学生が楽しむようになった。無論、この時期、ベースボールだけではなく、ボートやテニスなどさまざまなスポーツが伝えられ、特に東京大学や大学予備門では、イートン校出身の大学予備門教師ストレンジが課外時間にスポーツを生徒たちに熱心に教え、スポーツの普及に果たした役割が大きいといわれる。一八八三（明治一六）年六月一六日、日本最初の運動会と称される大学三学部と予備門合同の陸上運動会開催も、彼の指導力によるところが大きい。イギリス出身のストレンジは、クリケットのほうが得意だったようだが、ベースボールの面白さも予備門生徒に教え、それが予備門の後身である一高に根づいていったのである。

もう一つのベースボール渡来のルートであるアメリカ留学からの帰国者では、一八七六（明治九）年、アメリカで鉄道技術を学んで帰国した旧田安家家臣の士族平岡熙《ひろし》が友人たちにベースボールを伝えたことが知られている。彼は、一八七八年鉄道局に就職すると、鉄道局の技師仲間、樺山愛輔、大久保利武など華族青年などとベースボールチーム・新橋倶楽部《くらぶ》（アスレチックス）を結成した。いずれも、外国の新奇な風俗をいち早く取り入れるハイカラ青年であったようである。

また、伯爵徳川達孝《さとたか》も、平岡からベースボールを学ぶと自らヘリクレスと称するチームを結成し、自邸の庭園内に数千坪のグランドを造成するなどベースボールに熱中した。このほか、一八八五年には都内各学校の有力選手を集めた溜池《ためいけ》倶楽部が生まれるなど、留学帰国者のルートからは、学校とは別の自主的なクラブチームが結成され、クラブチーム同士や横浜等の外国人チームと試合を行なっていた（功力靖雄『明治野球史』）。

初期のベースボール普及にクラブチームの果たした役割は大きく、その後も天狗倶楽部などにその流れは続いていくが、大勢としてはクラブチームは長続きしなかった。個人の自発的意志にもとづく結社であるクラブを維持する意識が十分に育っておらず、中心人物やパトロンが関心を失うと衰退してしまうことが多かったのである。倶楽部チームは短命であっただけでなく、そこに集まった青年も海外留学経験者など社会のごく一部の選ばれた階層であり、その社会的影響の範囲も限られていた。

一方、大学や大学予備門もごく一部の青年の学ぶ学校ではあったが、制度的にクラブよりは開かれており、しかも安定していたから、ベースボールの普及拡大の主流となったのは官立高等教育機関であったといえる。

特権的な時間と空間

オランダの文化史家ホイジンガは、遊戯の形式的特徴として次の三つをあげている。第一に自由な行動、第二に「日常生活から、ある一時的な活動の領域に入っていくこと」、すなわち日常生活からの一時的な分離、第三に遊戯が空間的、時間的に「完結性と限界性」を持ったなかで成立すること、である。遊戯は、いわば仮構の世界を形成するのである。そして、その仮構の世界では、そのなかでだけ効力を発揮する固有の規則があり、それを破ることは許されない（ホイジンガ『ホモ・ルーデンス』中央公論社、一九七一年)。遊戯が成立するためには、日常性から隔離され、それだけで完結した時間と空間が必要なのである。明治の社会において、そうした人工的な遊戯世界を成立させるいわば特権的な時間と空間を提供できたのが、大学予備門、第一高等中学校などの高等教育機関であったのである。

ただし、東京大学や大学予備門の生徒にベースボールなどのスポーツが広まっていったが、それは決して正規の授業として計画的に導入されたのではなかった。一八七六(明治九)年に開成学校に入り、一八八三(明治一六)年に東京大学を卒業した三宅雪嶺《せつれい》は「当時体育といふやうな語がなく、言へば言語のまゝにフィジカル・エデュケーションといひ」、文部省等も外国の例によって身体の健康を重視していたが、「如何にすべきかゞ判明せず、兵隊上りにオイチニイで教へさせることが一般に行はれた」と述べている(『大学今昔譚』)。正規の体育授業は兵式体操ぐらいで、大学当局は学生の体育活動にたいし確固たる教育方針を持てないでいたところに学生の自主的活動が始まったのである。

また、スポーツを教えた外国人教師も、何らかの教育効果を考えてスポーツを教えたわけではない。大学予備門のストレンジが典型的にそうであったように、外国人教師は故国で楽しんでいたスポーツを日本でも楽しみたいために周辺にスポーツを教えていったスポーツ好きの青年であったようだ。また、学生たちも教師自らが楽しんでいるのを見たからこそ、スポーツに関心をそそられ、ベースボールなどをやってみるようになったのである。

そして、実際にボールを投げたり打ったりしてみると、これまで知っていた撃剣などとはまったく違った身体の動きの面白さを実感し、それに魅せられたのであろう。さらに、身体を躍動させる快感、ふきだす汗をぬぐう爽快感、そんな青年らしい肉体的楽しみがなかったはずはない。それがなければ、ベースボールは成立しない。それは、端的にいって遊戯としてのスポーツの面白さである。

一高校風と武士道野球の形成

一高の校風

しかし、学生たちが、そうした遊戯としてベースボールに内在する快感に惹かれてベースボールに熱中したとしても、私的な快感の肯定だけでは、ベースボールへの熱中を自分自身に対してあるいは周辺の同級生・教師に対し正当化できない。当時の一高生および一高教師の価値観の枠組みのなかで、スポーツを楽しむ私的快感に意味を付与し正当化する言説、いわば公的正当化の言説が必要であった。実際、一高生たちは、そうした正当化の論理を形成していこうとした。その探求のなかから、独自のベースボール観が生まれ、野球という言葉が作りだされ、さらには「一高式野球」とも称される独特の野球が形成されるのである。

野球の形成には、第一高等学校という学校の存在とそのエトスが基盤になっていた。第一高等学校（一高）は、その淵源を東京英語学校、東京大学予備門にまで遡るが、一八八六（明治一九）年の中学校令によって第一高等中学校として正式に開校し、さらに一八九四（明治二七）年六月二三日の高等学校令によって第一高等学校と改称された。学校としての基本的性格は、第一高等中学校時代に形成されたといえる。中学校令では、中学校を高等中学・尋常中学の二つに分け、高等中学校は「社会上流ノ仲間ニ入ルベキモノ」、「社会多数ノ思想ヲ左右スルニ足ルベキモノ」を養成するエリート育成学校と性格づけられ、全国に五つ設置された。しかも、その卒業生のほとんどが、当時唯一の大学である東京大学へ進学し、最高学府としての大学への予備的課程という性格をもっていった。高等中学校のなかでも、首都東京に設置され、第一という数字が冠せられた第一高等中学校は、その伝統において五つの高等中学校の「随一」と称され、またそれを誇りとしていたのである。しかも、一八九四年の卒業生は、わずか一四一名にしかすぎず、高等学校と改称してから昭和にいたるまで、一学年の卒業生は最多でも三五〇名を超えることはなく、きわめて選りすぐられた少数のエリートの学校であったのである。

ここに、きわめて特権的な時間と空間が成立していた。そして、その特権的な時間と空間こそスポーツを保証しているのであるが、それを満たしていたエトスは、強烈なエリート意識と国家主義であったと約言できる。そのエトスは、さまざまなかたちで誇示され、たとえば一高校旗は特に「護國旗」と称され、柏葉と橄欖《かんらん》の校章の中央に「國」の文字を入れていた。「國」を指導するエリートの自負である。

さらにそのエトスを集約的に象徴するのが、いわゆる一高の「籠城主義」である。「籠城主義」は、一八九〇（明治二三）年、木下廣次校長が寄宿寮を設置し学生の自治制を認めた時期に成立したもので、木下校長は全校生徒に向かって「後年社会ノ上流ニ立チ学術ニアレ技芸ニアレ政治ニアレ日本中ノ先達トナリテ日本ヲ指揮スヘキ」人材であるからこそ、「徳育養成」に努めねばならず、「校外一歩皆ナ敵高等中学ハ籠城ナリトノ覚悟」を要求した（『第一高等学校六十年史』一〇四ページ）。まさに、俗塵に汚れた巷から孤高を守り、「自重自敬ノ精神気風」を培い、国家有用の資質を磨くのである。

一高のベースボールがその独特の内実を持ち始め、また部組織としても整ってくるのは、寄宿寮の完成と籠城主義の成立とほぼ同じ時期の一八九〇年ごろである。この年の五月、明治学院との試合の最中、明治学院教師インブリーが、正門以外の通行を認めない一高独特の正門主義を無視して垣根を越えて校内に入ったことから、「校威」を汚されたとして相手に乱暴を加える「インブリー事件」が起きた。これには、ベースボール試合が一高劣勢であった腹いせもあったとみられるが、独善的なエリート意識と外国人への反感が如実にうかがえる。ともかく、この事件は一高生に雪辱の気概を高め、一高校友会「野球部史」は事件後の「ベースボール会は、球を弄するが為に非ずして、鬱勃たる胸中一片の気を、球に托して外に表示する具」となったと特筆しているほどである（『校友会雑誌』号外、一九〇三年二月二八日）。さらに一八九〇年一〇月二四日には第一高等中学校校友会が成立し、文芸、撃剣など九部とともにベースボール部もそれを構成した。

武道としてのスポーツ

こうした一高において、スポーツは、気晴らしや娯楽ではなく、基本的に武道ととらえられた。「校友会規則」第一条は、その目的を「文武の諸技芸を奨励する為」と規定している。「文」は文芸部などを指し、「武」はベースボール、撃剣、ボートなどの各部を指す。「社会上流ノ仲間ニ入ルベキ」エリートと自負する一高生は、文武両道を身につけようとし、スポーツは武道であることによって一高エトスのなかで正当性を得たのである。

一高生の理想的人格像は、武士であるとされた。ただし、現実には、士族はすでに帯刀等の身分的特権を否定されていた。また、『文部省第一八年報』によれば、一八九三年の高等中学校生徒の族籍は華族七名、士族一七八四名、平民一二四六名となっている。士族出身者は全生徒の約五八％で、社会全体の構成比からすれば士族出身の割合は高く、きわめて特殊な階層構成であったが、それでも過半数を若干越える程度で、しだいに割合は低下傾向にあった。武士道は、一高生のあいだでさえ現実的基盤のうえに成立していたわけではないのである。かえって、それ故に、その武士道は、観念だけのものとして一人歩きしてしまいがちであった。

実際、ベースボールを武道ととらえようとするところから、非常に観念的な独特の野球イデオロギーが生まれたのである。第一に、優勝劣敗の勝利至上主義。「撃剣に柔道に、弓に馬に、日本人の争ふ競技には、祖先伝来の日本的試合精神が伝はる如く、『日本の野球』にも、亦之の試合精神を注入しなければならない、斯くして茲に始めて真に男性的運動となり、武士的競技として許るされるのである」（中野武二『一高式野球』野球叢書刊行会、一九二二年、四ページ）。その「試合精神」とは、試合は敵との勝負、なかんずく真剣勝負であり、「勝負は勝たざる可らず、敗者には屈辱を徹底せしむべし」という優勝劣敗の勝利至上主義である。「試合の本義」は「勝つ」ことであり、「勝つ」ためにあらゆる努力苦心が集中される（前掲『一高式野球』一六ページ）。ここでは、相手チームは打倒すべき敵であり、同じゲームを一緒に楽しむパートナーと見なすような考えは、育ってこない。第二に、精神主義。野球は身体運動であるとともに、多くの場合「徳育」「気力」などの言葉で表現される精神性が重視される。「野球競技の真精神は知育、徳育の涵養」(前掲『一高式野球』六ページ)であったのである。彼らの武士的エリート意識からすれば文武両道が理想であったが、一高の正規の学科が知育中心であったため、体育や寮自治にいっそう「徳育」を求めることになった。

そこでは、先に引用したインブリー事件後の「鬱勃たる胸中一片の気を、球に托して外に表示する具」という雰囲気のように、野球は胸中の精神を発揮する「具」にまでさえなり、試合は、技術と一体になった精神の優劣が試される場である。

したがって、練習は技術修得であると同時に、時にはそれ以上に精神鍛練、気力養成が重視される。猛練習によって「選手に不撓不屈の男性的意気を擲《たた》き込む」ことが目的となるのである。そして、精神を欠如した技術や体軀は価値なきものと軽蔑される一方、精神主義にもとづく猛練習によって体得された技術は「神技」「魔球」などと神秘化され、さらには伝説化されるのである。たとえば「球界の鬼神」名投手守山恒太郎は練習終了後も毎日一人で寄宿舎のレンガ塀相手に投球練習をくりかえし、レンガ塀に五寸(約一五チセン)

大の穴があいた。一高では、これを「守山先輩、苦心之蹟」として保存した。あるいは守山は「寄宿寮の廊下に蠟燭《ろうそく》を点じ、その球のスピード（風）にてこの灯を消した」といった神話が語り継がれたのである。

第三には、集団主義である。野球試合は鍛練された技術と気力の真剣勝負であるが、それはプレヤー個々人あるいはチームの勝負であるのは無論だが、それ以上にメンバーの所属する集団の精神の発揮であった。まず、所属の学校の「校風の振起」である。当時の一高にあって、校風の発揮は最大の関心事の一つであり、『校友会雑誌』でもいかにして校風を振起するかが盛んに論じられている。特に、校風発揮の最も重要な機会と考えられたのが、運動の対外試合であったのである。野球の名付け親となった一高生中馬庚も『校友会雑誌』に論文を寄せ、「校風なる者は正さに其の校の粋にして（中略）其発するや不忌の文となり運動家となる」と主張しているごとく（中馬庚「校風と運動家との関係を論して京都遠征に及ぶ」『校友会雑誌』第三四号、一八九四年二月二七日）、運動家こそ校風の体現者であると論じていた。野球部史も「我部は校風発揚の大任を負ひ、自治寮は我部の精神を養育する所となり、二者相輔けて其美を済《なさ》んとし、実に我第一高等学校野球部は精神修養を以て標榜するものなり」と誇っている。

チームが背負う集団の精神は、外国人チームとの試合では、学校から国家、日本精神にまで拡大する。明治二九年五月二三日の横浜外国人チームとの試合に勝利するや、生徒総代や校長は「今日の勝単に我校の勝ならず、聊《いささか》以て邦人の勝」であると演説し、一高野球部史はこの凱歌を特筆大書している。野球の試合が、「国名を賭した」勝負と意識されたのである。

一高式応援

対外試合が「学校精神の争ひ」であることから、選手以外の生徒による応援も白熱化する。「一高式応援」は猛烈をきわめることで名をはせ、その応援はたんに自校選手の「尻押し」や相手の威嚇ではなく、応援生徒「自己自らも第一線に立つて、敵の校友と精神の争ひ」をするのであり、「応援も一つの対外試合である」ということになるのである（前掲『一高式野球』）。しかし、実際には、「学校精神の争ひ」である試合は勝利至上主義を昂進させ、応援は「敵手」を萎縮させるための威嚇にはしり、「一高の応援隊と称する者の如きは、応援隊で無くして、弥次隊である」「一高式応援は最も卑劣」という非難を浴びた（横井春野「応援禁止と野球選手元気論」『野球界』第六巻第一二号、一九一六年一二月）。

こうした勝利至上主義、精神主義、集団主義は互いに相乗化し、「一高式野球」を形成した。そして、それは、「舶来のベースボール」ではなく、「日本の野球」と自負されたのである。ある一高生は、次のように述べている。「彼にありては唯一種の技芸に止まり、巧拙を競ひ、耳目の歓を満たすの外、殆んど無一物なればなり、即ち形ありて、神なく、児童の遊技に過ぎざればなり、我国固有のものに至りては即ち然らず、技芸の講究に道義の養成を和味し、形を兼ぬるに神を以てし、所謂《いわゆる》徳育と体育とを兼備せるものなり」（旗湖「再び大橋豹軒に与へて武士道を論じ併せて呂南漁夫の疑難を弁正す（承前）」『校友会雑誌』第六七号、明治三〇年五月三一日）。ベースボールは、その背景にあるアメリカ文化をそぎ落とした「技芸」に矮小化され、逆に野球は「道義」を肉付けすることで武士道的野球となったのである。

外来文化を取り入れながら、それを日本独自のものに鋳なおそうとするのは、日本の近代化全体をつらぬく大きなテーマであったが、野球の形成もそのひとつのヴァリエーションといえるだろう。しかも、この「日本の野球」は、一高の校庭という特権的空間と時間のなかで、エリート的国家主義の身体文化として形成されてきたのである。そこでは、ボールを投げ、打つ、走るという身体運動の楽しみは、公的イデオロギーとしての武士道野球のなかには組み込まれず、各個人の密かな快感として私的レベルに閉じこめられる。公的イデオロギーでは、野球は楽しみというより己にうち克つ自虐的な苦難が求められるのである。

一高野球の衰退

青年意識の変容

しかし、一高そのものにおいては、明治末期以降、野球部は衰退に向かっていく。一九〇四（明治三七）年六月一日、一高野球部は、早稲田大学と一高運動場で試合を行ない、六対九で敗れた。しかも翌二日の慶応大学との試合でも一〇対一一で敗北したのである。これまで一高野球部が対抗試合で負けたのは、横浜の外人チームと仙台二高だけで、その他の日本人チームとは負け知らずであったが、早慶にあいついで敗戦したのである。これ以降、一高は早稲田・慶応への雪辱を期すが、ようやく一九一八年内村祐之《ゆうし》投手を擁して早慶両校に勝利した以外は、早稲田・慶応など私学に歯がたたなくなっていった。日露戦争後、一高黄金時代は終幕となったのである。

一高野球部のチーム力低下の原因は、直接的には選手の技量の低下、他校の相対的力量の向上にあることはいうまでもない。だが、その大きな背景に一高生の意識の変化がある。一高生のなかから、それまでのエリート的国家主義への批判が生まれ、個の自覚、個人の内面への沈潜への傾向が強まってきたのである。

日露戦争前後の青年層を中心とする個の自覚は、決して一高生だけの問題ではない。それは、社会全体の構造的変化によって引き起こされた社会意識の変容であったが、特に時代の動向に鋭敏な青年層に最も顕著に現れたのである。岡義武氏の優れた研究によれば、「個」の意識の強まりには、さまざまな現れ方があった。第一には「成功」への憧れである。それまでも「立身出世」は、青年たちの上昇的エネルギーを駆り立てていたが、日露戦争前後から流行語となった「成功」は、郷党や一家を背負った旧来の「立身出世」とは異なり、著しく個人本位のものとなった。しかも、富の追求が、最も重視されたのである。第二には、享楽的傾向が著しくなったことである。世上では、青年の奢侈《しゃし》や「官能耽溺《たんでき》」を非難する声が高まった。第三には、人生を悩み懐疑、煩悶し、時に厭世自殺にまで至る傾向の広がりである。雑誌『新公論』は、「曰く厭世、曰く煩悶、曰く自殺、悉く是れ衰世亡国の特産物にして、興国大日本の今日に有る可き筈のものに非ず。而も事実は滔々《とうとう》として此悪傾向の大流行を占む。是豈《これあに》識者の一大考量を要すべき大問題ならざらんや」として各界識者に対策を求める「如何にして衰世の悪傾向を防止すべき歟」と題する特集記事を一九〇六年七月から九月まで連載している。

当然、こうした「個」の意識の強まりは、国家意識の衰弱を招く。徳富蘇峰の有名な表現では、「青年の或者は、遼陽の大激戦よりも寧ろ壮士芝居の評判に多く心を動かしつゝあるにあらずや」という風潮である。

俗塵を超然としたはずの一高生も、このような社会意識の動向に無縁というわけにはいかなかった。彼らの間にも「個」の意識は強まり、それはさまざまなかたちで現れてきたが、なかでも哲学的懐疑、煩悶の傾向が最も顕著であったと見ることができる。そうした個人主義は、校内においては、ことさらに粗野な豪傑風を気どる運動部中心の自治寮制度への反発となった。『校友会雑誌』第一五〇号（一九〇五年一〇月二八日）に掲載された魚住影雄「個人主義の見地に立ちて方今の校風問題を解釈し皆寄宿制度の廃止に論及す」は、先鋭的問題提起であった。魚住は、「我が一高は往年其樸茂簡素の気風を以て天下学生の規範たりき、其時に当たりてや、尚武は其金科にして破竹の勢を以て対外試合に勝を制し、勤倹は其玉条にして昂然弊衣破帽を誇となしたりき。然るに今や思潮推移して閑雅優長の俗漸く萌し、運動界の覇権人の議する所となれりと。其細目に渡るものを挙げん乎。曰く文学詩歌流行するに至れり、曰く宗教哲学の論議囂《かまびす》しくなれり、曰く悲哀煩悶を訴ふる薄志の徒次第に加はれり、曰く慷慨悲歌の壮漢去つて個人主義の隠遁家を増せり、曰く運動衰退して選手応援の熱心冷却せり、曰く寮を騒擾なりとして通学する者多くなれり」と、一高生の意識の変化を指摘した。しかも、彼は、このような意識変化を慨嘆するのではなく、個人主義の立場にたって積極的に肯定したのである。

魚住は「往年の稜々たる所謂一高風なる者は憐むべき保守思想の発揚に過ぎざる也」と痛論した。そして、「過去に規範を仰ぐ彼の武士道的籠城主義を撤して、現在と将来に生命を有する個人主義の自由の気風を樹立せんことを主張す」と断言している。これまで一高の誇りであった「武士道的籠城主義」の全面批判であり、それに代わる「個人主義の自由」を掲げたのである。

これに対しては憤激した反論も登場したが、共感論も多く、たとえば和辻哲郎は「精神を失ひたる校風」と題する論文を発表し、かつての「浅薄なる欧化の風潮」に対して「反動的に籠城主義が樹立」されたのはそれなりに意義があったが、「徒《いたず》らに外面的に馳せ一高的元気の横溢と蛮的野次の強烈とを以て黄金時代となすが如きは籠城主義の本義に悖《もと》る」ものであるし、「野球の勝敗のみが校風の主要部となるに至つては吾人絶対に反抗せざる可からず」と宣言した。和辻にとっては、校風とは「一千寮生の個人的性格」であり、「運動家が校風を造るものに非ず」であったのである（『校友会雑誌』第一七四号、一九〇八年二月二九日号）。

個人主義と運動

個人主義は、運動部こそ校風発揮の中核とする考えを否定する。魚住は「運動盛にすべし、文芸大に鼓吹すべし、念とすべきは事の嗜好問題に属することを領解して、其一方に偏寄する者ある事実を人間心理の必然的構成なりと観念して、互に他人の趣味嗜好を尊敬すべき一事也」と唱えている。運動か文芸かは各個人のたんなる「趣味嗜好の問題」にすぎず、そのレベルで互いに尊敬し尊重すべしという考えである。

こうした個人主義的立場からする自治寮や運動部への批判は、当然強い反発を招いた。先の魚住論文の翌号『校友会雑誌』には直ちに反論が掲載されている。福井利吉郎「所謂個人主義の見地に立ちたる校風観を評す」は、「あゝ偉なる哉我が校風や、忠君愛国の大道に則り、渾然として勤倹尚武の風を済す。更に加ふるに自治共同の美制あり、以て国士の素養を成すに足る。あゝ之れ実に天下の絶美なるものならずや」とエリート国家主義的立場からあくまで従来の籠城主義を擁護し、「見よかのイムブリー事件は西欧崇拝の迷夢に陥れる民心に大なる覚醒時機成を与へたるに非ずや。南浜に墨水に戦うて必ず勝たざる無き我が運動の隆盛は実に忠君愛国主義の勝利を明示したるに非ずや」と、運動が愛校心と忠君愛国の精神の発露であることを頑《かたく》なに守ろうとするのである。そして、運動を個人の趣味とする主張に対しては「我々の運動を解するに単に趣味を以てす。是の如くしてほぼ校風を評し得たりとするか。愛校と尚武との偉大なる精神を宿せる運動に至りては彼等の夢想だも及ばざる所也」と、断固否定した。

また、魚住論文と同じ号に掲載された八龍子「野球部新来の諸君へ」と題する野球部紹介記事では、一高野球部は全国野球部のなかでも最も「苦心惨憺」の猛練習であることを誇り、それも日本野球界の覇権を握ってきた「光栄の歴史を維持せんが為」であり、野球部の「光栄の歴史」こそ全一高生の犠牲となって一高の「美風を維持」してきたのであるから、「一高野球部の惨憺たる練習は、実に崇高なる犠牲の精神の発現」であると強弁している。ここでは、自虐的なまでに野球部の「犠牲」によって忠君愛国の「美風」を守ろうとしているのである。

個人主義的校風論・運動観と国家主義的なそれとは、『校友会雑誌』誌上で論争を展開し、また校風問題の演説会さえ開かれたが、両者の対立はたんに校風や運動観だけの問題ではなく、人生観・世界観の違いが校風や運動の問題に現れたものであるから、その対立は容易に解消するものではなかった。むしろ、互いに相手の浅薄さを冷笑、批判する態度が露骨であって、論争も生産的ではなかった。

ただ、全体的動向からいえば、これまでエリート国家主義的運動観が屹立していたところに、それに冷ややかに背を向ける個人主義的立場が登場したことの意味は大きい。まったく疑問の余地のない一枚岩のような存在に、懐疑と批判の亀裂がはいったのである。国家主義的運動観が姿を消したわけではないが、少なくも一高生のあいだでは相対化され、頭から信じられることはなくなったのである。むしろ、運動の粗野を冷笑し、哲学的懐疑・煩悶に沈澱するのが、先端的青年像となっていった。一九〇三年、日光華厳の滝岩頭の立木に「万有の真相、不可解」と墨書して投身自殺した藤村操の事件は、その象徴的事件と受け取られた。この事件は、名門出身の一高生の端然とした自殺として当時の新聞紙上でセンセーショナルに報じられたが、一高生にはとりわけ深刻な衝撃と共感を引き起こし、藤村の「巌頭之感」は多くの学生の暗唱するところとなった。野球部などの運動部員も決してその例外ではありえず、野球試合こそ校風発揮と無闇な蛮風を誇る気風は水をさされたのである。藤村の事件からやや遅れて一高野球選手となった君島一郎は「これは一高野球の凋落を告げる晩鐘とも見られよう」と記している（君島一郎『日本野球創世記』ベースボールマガジン社、一九七三年、一五七ページ）。

ただ、注意すべきは個人主義的立場から校風を論じた学生たちも、決して運動が無意義であると唱えたわけではないことである。運動は個人の「趣味嗜好」の問題であると主張したのである。それからすれば、「趣味嗜好」として運動観、野球観が生成されるべき基盤はあったといえる。しかし、実際には個人主義者たちは運動あるいは身体文化に背を向ける意識が強く、個人の「趣味」を基盤とする運動観、野球観は育ってこなかったのである。結果から見れば、「個」の自覚と運動とは、それぞれが相反する途に進むことになってしまったといえる。それは、たんに一高野球の衰退というだけでなく、スポーツと「個」の自覚との不幸な分岐点であった。

野球の普及拡大と「害毒」論争

野球の大衆化

野球の伝道

明治末期、一高生などの意識変容によって一高野球部は衰退した。だが、この時期野球そのものは大きな普及拡大をみせたのである。そこで、野球を行なう内的条件外的条件を保証したのは、やはり基本的に学校制度である。運動を楽しむには、すでに述べたとおり日常性と隔離された一定の時間と空間が必要だが、日本において、学校制度以外にそれを用意できる制度はほとんどなかった。しかし、野球の担い手となる学校が大きく変ってきた。明治末期の野球界は、一高全盛時代から地方の中学校、商業学校、私立大学等に普及拡大していったのである。特権的エリート学生から大衆化の進行である。

中学野球部の全般的データは乏しいが、古い学校では日清戦争後には創設されたようである。たとえば、愛知県の強豪校として鳴らした愛知一中では、一八九一（明治二四）年に生徒が野球を始め、野球部は一八九三年創部された。また、一八九六年一〇月二七日の水戸中学と宇都宮中学の試合は最初の中学対抗野球試合とされる。ただ、多くの中学校に野球が広まったのは、日露戦争前後であったようだ。たとえば、一九一六（大正五）年の第二回東京大会に出場した一三校のうち、「東京朝日」各校紹介記事などから野球部創設年度の分かる学校九校は日露戦争後の創部である。

中学へ野球伝道の役割を果たしたのは、一高をはじめとする高校生で、彼らが縁故のある中学に教え、さらにその中学から周辺の学校に広まることが多かった。たとえば、愛知一中野球部は、一八九七年日比野寛が校長に就任し、宮口竹雄をコーチに招いたことによって「長き光輝ある一中野球部の歴史が作り始め」、一九〇一年には関西遠征の慶応大学を破っている。宮口は、一高・東大出身で、一高時代は名選手の評判高く、たまたま電灯会社技師として名古屋に赴任したところを一高時代から注目していた日比野校長がコーチを依頼したという（『愛知一中野球部史』、一九六一年）。また、水戸中学野球部が強化されたのは、同校出身の一高生戸崎義相のコーチによってだという（広瀬謙三『日本野球史』

日本野球史刊行会、一九六四年)。

また、中馬庚『野球』(一八九七年)、守山恒太郎『野球之友』(一九〇三年)など一高出身者による野球概説書の刊行が相次いだことも普及を促した。

早慶の台頭

中学野球の活発化にともなって、それらの卒業生を受け入れる早稲田、慶応、明治といった私立大学野球も盛んになっていった。早慶の野球部は、一九〇四(明治三七)年には両校とも一高を破り、早慶時代到来を印象づけた。元来、慶応に野球が入ったのは古く、前述した平岡熙の新橋倶楽部に慶応学生の村尾次郎等が参加しており、彼らを中心に野球が楽しまれていたが、一八九二年慶応義塾体育会が発足し、正式に野球部が組織された。その後、明治末期までは一高に歯が立たなかったのである。

一方、早稲田(東京専門学校)の野球部は、やや遅れ一九〇一(明治三四)年である。このころから、中学卒業生が高等予科に入学してくるようになり、郁文館中学、青山学院などで野球を経験した者たちが集まって野球部を作ったのが始まりとされる。一九〇三年一一月二一日には、最初の早慶戦が三田綱町蜂須賀侯爵邸内運動場で行なわれ、一一対九で慶応が勝利をおさめた。最初のころの早慶戦は、格別注目されていたわけではなく、両校ともさほどの対抗意識はなかったといわれる。しかし、数年後には選手ばかりでなく、応援団、一般学生を含めた対抗意識が高まり、一九〇六年には過熱化のあまり、不測の事態を怖れた両校幹部によって試合が中止されるほどにまでなってしまった。

このような野球の普及拡大において、高校生などによって野球の技術が教えられたことは無論であるが、同時にときに技術の伝授以上に「一高式野球」の精神、武士道的野球観が教えられたのである。早慶などの私学は、技術的にはしだいに一高を上回り、アメリカ遠征によって最新の技術・戦術を導入していくのであるが、一高の武士道的野球観を批判する野球観が形成されたわけではない。野球の普及拡大は、大勢としては「一高式野球」の普及でもあった。それは、のちの野球害毒論争で明確になる。

私大・中学の拡充

こうした野球の普及拡大の背景には、この時期が私立学校や中学校そのものの拡大期にあたっていたことがある。当時、大学令による大学は帝国大学だけで、早慶などの私立学校は専門学校令にもとづいていたが、一九〇三（明治三六）年、文部省は予科を持つ専門学校に「大学」という名称を名乗ることを許可し、早稲田、東京法学院、同志社などが次々と大学と改称した。これを契機に私立学校は質量ともに拡充し、またそれぞれ個性の確立を目指していったのである。

また、文部省は、一八九四（明治二七）年高等学校令を公布し、従来の高等中学校は高等学校に改められ、中学卒業者を受け入れることになった。それにともない、一八九九年には中学校令が公布され、これまでの尋常中学校はすべて中学校に改称された。中学校は卒業後実社会に入ることも予定し、かつ成績優良者は高等学校に進学する制度として成立したのである。文部省は、以後、各府県に中学校設置を義務づけるなど積極的な中学校振興策をとり、一九〇〇年には二一八校であったのが、一九一〇年には三一一校になり「飛躍的な発展をとげた」(『学制百年史』)。明治末期は、中等教育高等教育の発展期であり、野球の普及拡大は、私立学校、中学の拡大の波に乗っていたのである。

野球害毒論争

論争の発端

このような野球の普及拡大の過程で起きたのが、いわゆる野球害毒論争であった。「東京朝日新聞」が、一九一一年八月二〇日から「野球界の諸問題」、次いで八月二九日から「野球と其《その》害毒」と題する連載記事を二二回も掲載し、野球そのもの、あるいは野球界の弊害を批判するキャンペーンを展開したことが論争のきっかけである。これに対し、私立学校卒業生を中心とする野球クラブであった天狗倶楽部などが猛反発し、反論を展開した。それに「読売新聞」などが同調し野球の弁護論を唱え、野球問題演説会を開催するなど論争となったのである。さらに、「東京日日新聞」「国民新聞」「万朝報」「中外商業新報」など都下有力各紙も、「東京朝日」キャンペーンに触発されて野球の在り方を論じだした。野球の在り方が、社会的論議のテーマとなるというユニークな事件である。

「野球害毒」論争の一方の当事者は、後年全国優勝野球大会を主催することになる朝日新聞社であり、またそれに正面から反論した天狗倶楽部メンバーには、後に朝日新聞社員として全国優勝野球大会の組織化に尽力した橋戸信、さらに甲子園野球の指導者として朝日新聞紙上に健筆をふるった飛田穂洲などがいた。結果からみれば、この時の論争の当事者同士が、後に全国優勝野球大会の成立に深くかかわることになるのである。しかし、論争の時点では、もちろん双方ともに全国優勝野球大会の開催など考えていたわけではない。

この論争が興味深いのは、論争が明治末期における野球への社会的評価を如実に浮かび上がらせていることである。そこでの論争点には、後の全国優勝野球大会で議論となり、さらには現在も甲子園野球の弊害として取り上げられる問題が早くも表れている。それは、大正期に朝日新聞社が中学野球大会を作り上げていく際に前提としなければならなかった野球の在り方、野球への社会的評価なのである。また、この論争は、日本的野球の形成にメディアの言説がかかわっていくことになる始まりでもあった。

野球害毒論が大きな社会的議論になった背景は、先にも触れたとおり明治末期における野球の大衆化である。それは、論争の論点に端的に現れており、それは後に述べることにするが、そうした野球そのものの問題とは別に、野球が新聞キャンペーンの題材になり、しかも多数の新聞が論議に参加するほどの波紋が広がったのには、この時期の新聞ジャーナリズムの変質という脈絡もあることにも注意しておく必要があろう。

新聞の企業化

当時の新聞発行部数は、各新聞社の営業機密であったため正確な統計が存在しないが、明治末期に各新聞の部数は大きく増加した。一例をあげれば、「報知新聞」は一九〇三年東京第一位で約八万部であったのに、一九一二年は約二四万部と推定されている（拙著『近代日本ジャーナリズムの構造』参照）。部数増加の大きな契機となったのは戦争報道であったが、部数増加は一時的現象で終わらず、増加のカーブこそゆるやかになったものの、戦後も着実な増加が持続していったのである。そこには、産業化の初期的進行による都市への人口集中、社会全体の流動化などによる情報需要の高まりといった受け手側の条件があった。

そして、メディア側でもそうした情報需要をとらえて、部数拡大を実現するシステムが形成されていった。一つは、販売や広告といった、いわば新聞産業の下部構造において、販売面では組織的計画的に部数拡張を推進する販売店網などが形成され、また広告面では広告主の潜在需要を掘り起こしていく営業活動・広告企画が組織化されていったのである。すでに、このころから、新聞社が自社の企画した運動会や美術展といったさまざまなイベントを大々的報道によって大事件化し、販売拡張に結びつけていく経営手法がとられだしていた。

また、新聞の上部構造というべきジャーナリズムにおいても、特定の立場を明確にし実際運動と一体となった政治的言論を展開する政論新聞、娯楽や街の噂話中心の小新聞《こしんぶん》的報道といった旧来のジャーナリズム活動から脱却し、より広範な読者の日常的関心に応える多様性と一般性を志向するようになっていく。それにともなって、組織的な取材網、編集組織が作られていくのである。

こうした変容は特定の新聞社だけの問題ではなく、新聞界全体で進行した企業的構造の形成である。新聞の企業的構造の形成そのものをここで詳論することはできないが、たとえば新聞社組織を見れば一九一〇年の時点で、東京朝日、東京日日、万朝報、読売等は合資会社、時事新報は合名会社、報知新聞は匿名会社となっており、有力新聞社で個人所有は国民新聞社のみとなっている。またほとんどの新聞社が国産もしくは外国製の輪転機を複数稼働させるなど大量生産の体制を整えつつあった。国民新聞社の先駆けた地方版発行も各紙が競って導入し、一九〇六年報知新聞社は夕刊発行さえ実現しているのである。

社会面の形成

新聞の企業的形成のなかで、紙面編集も改革されるが、害毒論争に直接かかわるのは社会面の形成である。それまで、いわゆる三面記事は軟派と呼ばれて、勧善懲悪的教訓話に仕立て上げた事件・事故の報道、さらに内輪話的な花柳界や芸能界の記事を中心としていた。そうした江戸町人的文化の系譜に立つ軟派記事から、変動していく明治の時代と社会を背景として報道していく社会面がしだいに造形されたのである。

「東京朝日新聞」の場合、それまで軟派を主宰していたのは戯作者出身の右田寅彦（柳塢亭）であったが、一九〇六年ごろから主筆池辺三山が軟派の改革を推進し、右田を更迭し渋川柳次郎（玄耳）を社会部長にすえた。渋川は、積極的に紙面の改変を進め、事件・事故をその社会的脈絡のなかでとらえていく報道記事、これまで軟派の領域とされていなかった政治・経済・労働問題等についても社会的視角から報道する記事などを開拓し、また著名人とのインタビューといった新しい取材手法なども駆使するなど社会面記事に新機軸を開いたのである。

軟派改革のためには新しい人材が必要で、噂話等を収集する探訪記者、それをもとに作文する戯作者的軟派記者という分業に代わって、大学卒業者を採用し、自ら問題を発掘して取材しそれを記事に作成する方法を作っていった。「野球害毒」キャンペーンも、こうした軟派改革の一環として生まれたものである。キャンペーンは、野球や学生を社会的問題としてとらえているし、記事を執筆したと推定される名倉聞一、美土路昌一は早稲田大学を卒業し、軟派改革のために配属された記者であった。

他の新聞でも、同様な軟派改革が進行し、多様な出来事を報道していく社会面記事が形成されていった。こうしたジャーナリズムの変貌が進行中であったため、各紙も野球を社会問題としていっせいに注目し、さまざまな関連記事が登場したのである。たとえば、「国民新聞」の野球論議の舞台となったのは「学生」欄であったが、この「学生」欄設置も、前述した私学中学の拡充を背景にした学生読者吸引策の一つであり、そこで話題の野球の害毒を論じていたのである。

「野球害毒」論の論点

害毒論争の詳しい過程は割愛するが、「東京朝日新聞」が一九一一（明治四四）年八月二九日から開始した「野球と其害毒」と題する連載記事は、各界著名人のインタビューによって「野球の害毒」を聞き出すという形式で次々と「害毒」を列挙している。その「害毒」の事項は、多岐にわたっているが、それをまとめると、次のようになる。

第一は、野球に熱中する余り学業がおろそかになり、結果的には、野球選手は学力不振者ばかりである。

第二は、野球の人気による弊害で、選手は華美に流れるなど「風紀」上の問題が生じているということ。

第三に、生徒の一部である選手だけが、野球をするという選手制度の弊害である。

第四に、「早稲田、慶応が野球を学校広告に遣ふ」など私立学校の人気取りに利用していることである。

第五に、一部野球の試合は入場料をとるなど、興行化している。

第六は、野球そのものが「対手を常にペテンに掛けよう、計略に陥れよう、塁を盗まうなど」という「巾着切《きんちやくきり》の遊戯」であり、そうした野球をやる選手は相手に下劣な野次を飛ばすなど「不作法」である（新渡戸稲造）。

さらに第七には、野球は不自然な運動で発育上有害であり、野球に熱中したあまり、肩をこわすなどの障害が生じ、兵役検査不合格となったというのである。

最後の二点は野球そのものの問題であるが、前の五点は、野球の人気・流行がもたらした弊害である。「東京朝日」が告発したのは、中学や私立大学への野球の普及拡大の過程で顕在化してきた社会的「害毒」であったのである。

「東京朝日」記事に対して、猛烈な反発をしたのは、前述のごとく押川春浪など天狗倶楽部のメンバーである。天狗倶楽部というのは、一九〇九（明治四二）年、押川春浪を中心に中沢臨川、押川清、橋戸信（頑鉄）、飛田忠順（穂洲）等の早稲田系の野球選手などによって結成された運動社交団体である。反論にたちあがったのは主に私立大学等の野球関係者であったのである。

彼らの反論の要点は告発者の指摘する事実を否定し、たとえば、野球選手は決して「不良」ではなく、学業の優れた者もいる。「華美」になっていることはなく、むしろ野球によって質実剛健の元気が養成されている。徴兵検査でも、その体格が賞賛された。一部に指摘されるような弊害がないではないが、野球そのものを否定するには及ばない。「東京朝日」記者は、野球界の実情について無知であるなどである。

告発弁護双方の主張を当時の実状にそくしてその当不当を検討することは、ここでの関心ではない。むしろ、論争の当事者双方が前提としていた普及拡大段階における野球観に注目したい。

野球の「害毒」を指摘した「東京朝日」が準拠しているのは、「野球の覇権が一高の手から離れて早稲田慶応に移るや野球は著しく俗化した」（「野球の興行化」一九一〇年一一月二五日）といった言葉に端的に表れているように、勤倹尚武の武士道的一高野球であり、一高野球の理念にたって現状の「俗化」を指摘し批判しているのである。

武士道野球観の共有

これに対し、「東京朝日」に激しく反論した天狗倶楽部、「読売新聞」等は、まったく異なる野球観あるいは運動観を持ち出して反駁したのではない。彼らもまた基本的には「一高式野球」を源流とする武士道的野球観を理念としていたのである。天狗倶楽部の押川春浪は、日本の野球を「大日本的ベースボール」と称し「野球は元来米国の国技であるが、由来わが日本人の頭脳には一種名状すべからざる魔力がある、一旦その技に交渉すれば其すべての物を咀嚼《そしやく》し分析し、自家薬籠中のものと為し、再び之を外界に示すに、全然其趣を異にせる、所謂日本人式なるものとして現し得る（中略）我邦野球術が全然旧態を脱し、純日本武士道的野球術が、遂に世界の覇者たらんことを期待するのである」（『月刊ベースボール』一巻一号・一九〇八年一一月二〇日号）と主張していたのである。

野球害毒論争は、表面上の言葉のやりとりは激しいが、まったく異なる野球観が対立した論争ではなく、両者とも同じ武士道的野球観を共有し、そこから見た現状の認識と評価をめぐって起きた論争であった。しかも、その論争が幅広い反響を呼び起こしたのは、東京朝日」や天狗倶楽部といった論争当事者だけではなく、武士道的野球観が、他の私大、中学の野球関係者と学生にも広く抱かれていたからであった。当時の代表的スポーツ雑誌『運動世界』一九一一年一月号で「野球を武道とせよ」と題する記事を掲げているのをはじめ、武士道的野球観は当時のスポーツジャーナリズムでも盛んに唱えられている。野球の普及拡大は、日本独自の野球としての「一高式野球」を源流とする野球観の普及拡大であったのである。

私立学校・中学の生徒に野球が普及していったのには、やはり遊戯としての野球の面白さがあり、それがなければ野球は始まらない。しかし、個人的にはボールを投げ打つ面白さだけで十分満足できるが、社会的には不十分である。野球を正当化し不断にエネルギーを供給していく論理があってはじめて野球は一過性の流行ではなくなり、普及拡大が実現する。明治末期、野球少年に野球の正当化とエネルギーを与えたのは、結局一高野球のイデオロギーであった。「一高式野球」のイデオロギーは、野球少年たちの猛練習に意味づけを与え、いっそうの奮起に駆り立てたのである。

論争の背景

野球を支える学校制度

「純日本武士道的野球術」が唯一正統な野球観として害毒論者・反論者双方に掲げられていたにもかかわらず、論争が発生したのは、「東京朝日」と天狗倶楽部等との間に現状の認識と評価についての相違があったからである。「東京朝日」側が武士道的野球観の理念からすれば現状は逸脱あるいは堕落していると主張するのに対し、天狗倶楽部は「東京朝日」の現状認識は誤解曲解にすぎず、野球界の現状は理念から決して逸脱していないと反論しているのである。

論点の多くは野球の普及拡大が引き起こした社会的問題であった。論争で浮かび上がっているのは、明治末期の野球が一高野球の前提とした社会制度ではおさまりがつかなくなっている状況である。一高野球が前提としていたのは、一高というきわめて特権的な学校がもっていたきわめて特殊な条件であった。しかし、野球の普及拡大にともなって、そうした特殊な条件を前提とするわけにはいかなくなっていたのである。

論争で取り上げられている野球の社会的「弊害」を集約すれば、二つの大きな問題があったように思える。一つは、野球への過度の熱中であり、また一つは見せ物化である。スポーツへの過度の熱中あるいは見せ物化は、どちらもスポーツに必ずつきまとう問題である。だが、かつての野球のメッカであった一高では、さほど大問題となることはなかった。しかし、この時期には「弊害」として目立つ現象となったのである。

過度の熱中

野球への過度の熱中についていえば、ホイジンガは、スポーツの組織化と訓練が絶えまなく強化されていくと、純粋な遊戯内容が失われていくと論じている。遊戯がスポーツとして発達していくことによって「遊戯内容の最高の部分、最善の部分を失っているのである。遊戯は余りにも真面目になりすぎた」のである（『ホモ・ルーデンス』三二九ページ）。すでに指摘したとおり、ベースボールが日本の青年に最初に楽しまれたときには、遊戯としての面白さがあったからであった。しかし、それが、当時の一高の雰囲気のなかで再構成され武士道野球として成立した際には、遊戯としての面白さは各個人の楽しみとして各人の心のなかに隠し持たれることになり、表面的にはきわめて真面目な武士道となった。その時点で、野球は十分真面目であり、学生はきわめて真剣に自己目的化した猛練習に熱中したのである。

しかし、そうした一高における過度の熱中は、一定の限度があった。一高野球の前提には、国家エリート学校として国家によって保証された特権的時間と空間があったが、それを保証する高く強固な塀は国家の定めたものであるから、一高生にとっては与えられたものである。しかも、それは二重の機能を果たしていた。一つは、いうまでもなく野球を保護し、それを楽しむ時間と空間を作りだしていた。また一つは、野球がその限定された空間と時間から逸脱しないための歯止めになっていたのである。

野球がいくら過熱化したとしても、外側に厳とそびえる学校制度の塀を低くしたり、壊したりすることはできなかった。優秀な野球選手を特別に入学させられるわけではなく、学業成績の悪い者は落第するしかなかった。また、一高在学中は野球に熱中した者も、多くは卒業し大学に進むとともに自然に野球から離れ、各自の目指す立身出世の階梯を登っていくのが通常であったのである。

無論、これは、真剣な熱中の過剰を抑制するメカニズムが野球観のなかに内在していたということではない。野球の外側にあって、野球を成立させている社会的制度（学校制度）が、「勤倹尚武」の真面目さがもたらす過度の熱中を抑止していたのである。

野球が普及拡大していった私大や各地中学においても、一高式武士道野球イデオロギーが過度の熱中を生み出し昂進させていった。対外試合はエスカレートし、応援団の乱暴と争乱を引き起こす事件も生じ、一九〇六年一一月、応援団の騒ぎから早慶戦は中止となった。中学の対外試合でも騒動が起きがちで、水戸中学では一九〇九年対外試合は禁止となるなど騒ぎの行き過ぎのため対外試合禁止の措置さえとられることもあった。

しかし、そうした状況において、学校が、必ずしも過度の熱中を抑制する機能を果たすとは限らなかった。むしろ、学校が、野球への熱中を加熱することさえ生じていたのである。害毒論者のいう、野球への熱度をあげた学校が選手を優遇し、私立大学が「有望な者を誘拐して選手とする悪風」（水戸中学菊池謙二郎）である。そこまでいかなくとも、一高野球時代は京都遠征だけでも大問題であったのに、早稲田大学野球部は、一九〇五年安部磯雄部長に率いられて五ヵ月間もアメリカに遠征している。早稲田は、その後も、一九一〇年にはハワイ、一九一一年にはアメリカ本土に遠征した。慶応も、競うように、一九〇八年にハワイ、一九一一年にアメリカ本土遠征を実行してチーム強化に務めていた。中学野球部でさえも、武者修業的に遠く県外まで遠征することも珍しくなくなったのである。これらは、程度の差はあれ、学校の援助あるいは温情なしには行なわれえなかった。

かつての一高野球では、動かし難く存在していた野球を楽しむ空間と時間を囲む塀は、私学等ではずっと融通のきくものとなり、しかも学校が学校経営の見地から野球の人気を利用しようとする動きも起きていたのである。私学や中学の拡大期であっただけに、野球試合を利用して校内の凝集性を高め、世間に校名を広めることに利用することもあった。「害毒」論者のいう野球の広告利用である。

ともかく、野球が私学や中学レベルまで拡大することによって、かつての一高のように学校制度が野球の過熱化を抑制する壁となることはなく、逆に学校が熱中を加熱する、そこまでいかなくとも多少の便宜をはかることにもなった。そこでは、野球を個々人の遊びととらえる考えは、ますます成立しにくくなり、選手・学校ともにますます真面目に野球に熱中し過熱していくことになる。

野球試合の見せ物化

もう一つの問題は、見せ物化である。見せ物化というと、やや語弊があるが、野球の人気が高まり、応援の学生以外にも観衆が集まるようになってきたことである。選手や試合主催者は、当然観衆の存在を意識せざるをえないことになる。

まず意識するのは観衆の視線である。元来、スポーツが観衆の眼を意識するのは必然的なことであろう。選手は観衆の眼を意識することによって自らの集中力と精神の高揚を高め、また観衆は自分ではとうていできない選手のプレーを観て興奮する。観られるものと観るものとの相互作用こそ試合をいっそう白熱化させエキサイティングなものにしていくのである。

このころ、すでに『月刊ベースボール』（一九〇八年）、『野球界』（一九一一年）、『運動世界』（一九〇八年）などのスポーツ雑誌が発刊され、こうした雑誌は野球の技術解説ばかりでなく、早慶を中心に野球選手をスター扱いする記事を載せていた。スポーツジャーナリズムが観られる者（選手）と観る者の分化を拡大し、観せる野球を増幅していったのである。当然、選手は試合中もあるいは日常生活でも、観衆の視線を意識した行動をとることになり、観衆の側でも選手の派手なプレーを期待することもあった。だが、「害毒」論者はこうした人気選手の「華美」な振る舞いを風俗の乱れとして非難したのである。

野球弁護論者は選手の風俗の乱れを事実として否定するが、野球熱によって観衆が登場すれば、選手がその眼を意識するようになるのは必然的なことであるから、「質実剛健」

をモットーとする野球武士道観との調整は厄介な問題であった。

しかし、それ以上に野球試合の見せ物化として論議となったのは観衆からの入場料徴収であった。野球試合で最初に入場料を徴収したのは、一九〇七年、慶応大学がハワイ・セントルイス大学を招聘した際、招聘費用を捻出するためであったとされるが（『慶応義塾大学野球部史』）、その後各校とも外国チーム招待や自チームの外国遠征費用を得るために入場料徴収が広まった。しかも、入場料は、かなりの高額であったようである。

入場料徴収は、一面では野球の試合がそれまでの自校チームを応援する学生に限定された観衆から不特定の一般観衆まで動員でき、入場料を徴収できるほどの人気と規模を持つようになったことを示している。野球試合は、一定の商品性をもつようになったのである。また他面では、野球の過熱によって各校ともチーム強化に走り、学校からの援助だけではその費用をまかないきれない状況になっていることも示している。私立大学のなかには、入場料徴収のために、グランドに簡易の観客席を設けるところさえあらわれてきた。

これに対し、害毒論者の側は、「入場料を取て見物させると云ふ興行的心持が学生の徳性の上に及ぼす影響は決して良好なるものではない」（「東京朝日」一九一一年八月一二日）ともっぱら道徳上の問題として非難を加えた。

一方、早稲田大学野球部の安部磯雄や押川春浪など「害毒」論に対抗した論者は入場料徴収に肯定的で、「今日世の中に無料で出来るものは殆んど一もないのだから何事に対しても相当代価を払ふといふのが原則である」と、講演会や美術展などと同様に野球試合にも代価を支払うのは当然であると主張する。そして入場料収入があってはじめてアメリカの野球チームを招待できたり、大学チームの遠征が可能となると、入場料徴収を正当化する。

どちらの主張が正当にせよ、入場料徴収は、かつての一高などでは考えられもしなかった問題であり、野球に観客の存在が組み込まれ、見せるものに変質していく端緒である。一高流の野球武士道観では片づかなくなっていることを端的に示しているのである。

社会ルールの不在

明治末期の野球における過度の真剣さ、見せ物化がもたらしている問題は、野球が一部の特権的高校生のものから私大生、中学生にまで広がり、しかもそれを見て楽しむ観衆が登場するという拡大普及過程において起きている現象である。それを「害毒」と見るか、見ないかということから論争となったのであるが、むしろそこに表れてきているのは、普及拡大してきた野球を自主的に律していく社会的ルールの不在とその形成の必要性であった。

野球というスポーツを成立させるためには、いうまでもなく試合を律するルールが必要である。野球試合に内在するルールが、日常的な時間と空間からゲームを截然と区別し、選手はルールに従うことでゲームの参加者となるのである。しかし、こうしたゲームの内側におけるルールと同時に、その外側に野球試合そのものを成立させていく社会制度が必要であり、そこでもやはり社会的ルールが必要であろう。それは、試合のルールのように細部まで明文化されていなければならないことはないが、少なくもなんらかの社会的合意がなければならない。

一高などの高校生を中心とする、かつての野球においては、学校制度そのものが野球を外側から律していた。野球は高等学校の提供する特権的な時間と空間の中庭で楽しまれていたのである。そこでは自主的社会的ルールの必要性を意識することはなかったといえる。しかし、野球が高等学校の中庭から出て、さまざまな個人や学校などによって楽しまれる段階では、なんらかの社会的なルールの自主的な形成が必要となってきていた。「害毒」論争で問題となった選手と学業の関係、学生の入学問題、選手への優遇措置、応援団の行き過ぎなどについて、それらの事実の是非は別にして、そうした問題点が指摘されることだけでも、野球を運営していく社会的合意を自主的につくっていかねばならない状況であることを示していた。

しかし、「野球害毒」論争は社会的には話題となったが、社会的ルールの形成に向かうものではなかった。たとえば、野球擁護論者は、大学講義を欠席したアメリカ遠征も「活学問」である（高田早苗「何たる無礼の言ぞ」橋本信『野球虎之巻』二〇ページ）、「野球は実際的修身科」（鎌田栄吉「野球は実際的修身科」前掲『野球虎之巻』一四ページ）などと論陣を張っている。それはそれなりに根拠のある考えであろうが、居直り的な言い放しの主張であり、学生野球の社会的ルールを形成する議論とはなりえていないのである。

逆に、論争で明らかになってきているのは、タテマエとホンネの二層分化である。野球弁護論者や学校関係者は、入場料問題は別にして「害毒」論者の指摘する野球選手の優遇措置などは、事実無根として存在しないというタテマエを強弁する。無論、個々の事実関係については、今さら調べようもないが、「害毒」論者が指摘したと同様な問題はその後もくりかえし論議されることになるので、まったく根拠のないことではなかったはずである。しかし、「害毒」論争においても、その後においても、事実は否定され、タテマエだけが主張され続けていくことになる。ホンネは隠されてしまうのである。

無論、一高の野球においても、各人が野球を楽しむ身体的快感は、タテマエの武道的野球のもとでは公然化できず、ホンネとして潜在化していた。だが、それは相反するものとして分裂するまでもなく、個々人の内面において処理すればすむことであった。しかし、野球が普及拡大し人気が高まったことによって、身体的快感以上の大きな社会的効用を選手や学校に生み出すことになったのである。だが、それは、武士道的野球観のもとでは公然化されることなく、タテマエの下に隠されたホンネとなってしまう。しかも隠されることによって統制は困難になり、かえって自己増殖することになりがちであった。

こうしたタテマエとホンネの分化において、タテマエが飾りの論理であり、ホンネが真の動機であるというような単純な関係ではない。選手や学校にとって、「純日本的武士道的野球術」というタテマエもやはり真の動機であり、それがあったからこそ、野球に夢中になりえたのである。むしろ、タテマエとホンネの二層がそれぞれ別々に働くことによって、いっそう野球熱が高まったといえる。

明治末期の野球は、タテマエとホンネの二層分化が進行しながら、タテマエの下からホンネが露出し、それゆえ論争が生じてしまっている状況であった。野球の試合のルール以上に野球を成立させる社会的ルールの形成が必要とされていたのである。

全国優勝野球大会の形成

大阪朝日新聞社のイベント戦略

全国優勝野球大会企画

一九一五（大正四）年七月一日、「大阪朝日新聞」は、その第一面中央に「本社主催全国優勝野球大会　来る八月中旬豊中に於て挙行　各地代表中等学校選手権仕合」と題する大きな社告を掲載した。現在は甲子園球場で行なわれ、毎年夏の「国民的行事」ともなっている全国高校野球選手権大会の始まりである。

もともとこの全国優勝野球大会の企画が生まれるには、二つの流れがあったとされる。一つは、当時三高野球部員であった小西作太郎（のち朝日新聞社役員）が、高山義三（のち京都市長）らと京津地区の中等学校野球大会を企画し、「大阪朝日」京都通信部に持ち込んだことである。もう一つは、箕面《みのお》有馬電軌（現在の阪急電鉄の前身）の吉岡重三郎（のち日活社長）が自社の経営する豊中グランドの利用策として大阪地区の中学野球大会を企画し、朝日新聞社に持ち込んだことである。この二つの案を持ち込まれた大阪朝日新聞社では、長谷川如是閑社会部長、小西勝一販売課長らを中心に検討を重ね、全国大会の開催という大イベント計画にふくらませたのである。

この最初の企画思いつきの段階から、中学野球の指導者としての高校生、沿線開発をはかる私鉄、マスメディアとして発展しつつある新聞社という三つの要素が登場してきていることに注目する必要がある。この三つの要素の組み合わせによって、中学生の野球試合は、マスメディアイベントとして仕立てられたのである。

前にも述べたが、明治末期以来、中学校等に野球が普及していくには、高校生が指導者的役割を果たしてきた。高校生は野球の技術と精神を中学生に教え、武士道的野球観を浸透させていたのである。さらに高校生たちが、一高主催連合野球大会、四高北辰会主催北陸関西中学連合大会などのように、地元中学校の野球大会を組織化し野球の振興をはかる例は珍しくなかった。高山義三ら三高生の京津地区の大会発起もそうした動向のなかの一つである。しかし、たんに高校生の企画だけであったら、小規模な大会で終わっていたろう。それが新聞社に持ち込まれ、さらに私鉄とのタイアップが実現したところが重要である。

関西における私鉄は、明治末期から発達してきた。一九〇五（明治三八）年、阪神電鉄が開業、ついで一九一〇（明治四三）年には箕面有馬電軌鉄道、兵庫電気軌道（現山陽電鉄）、京阪電鉄などが開業。さらに一九一二年に大阪高野鉄道（現南海高野線）、一九一四年大阪電気軌道（現近鉄奈良線）が電化されている。これら各私鉄は都市間を結ぶものが多いなかで、箕面有馬電軌の場合、田園地帯に向けての遊覧電車という性格が強く、新しい旅客誘致策を考案する必要があった。そのなかから宝塚歌劇や遊園地といった娯楽施設の開発といった独特の経営戦略が生まれてくるが、豊中グランドでの中学野球大会というイベントもそうした旅客誘致・沿線開発のための企画の一つであった（津金澤聰廣『宝塚戦略』講談社現代新書、参照）。

しかも、高校生、私鉄関係者は自ら考え出した企画を大阪朝日新聞社に持ち込んだ。当時の関西においてイベントを具体化する企画力、組織力あるいは社会的信用を持ちあわせていたのが、新聞社であったのである。このころの関西では、大阪朝日新聞社と大阪毎日新聞社とがずば抜けた規模を誇っており、二社は地元の政治・経済・文化等に大きな影響力を持っていた。実際、この野球大会の企画でも、大阪朝日新聞社は、別々のところで思いつかれた小規模な計画を大きく膨らませ、一つの大きなイベントを創出することになったのである。全国優勝野球大会の実現には大阪朝日新聞社の力が決定的であった。

だが、それにしても、全国優勝野球大会開催には、それまでの事業企画には前例のない一万円という巨額の支出が予想され、社内には逡巡があったという（田村省三「斯くして大会は生まれた」『全国中等学校野球大会史』朝日新聞社、一九二九年、一〇四ページ）。また、東京・大阪の二大都市での発行体制を作り上げてはいたが、当時は全国紙ではなかった朝日新聞社が全国各地の大会まで組織化できるかを危ぶむ意見もあった。朝日新聞社としても全国優勝野球大会の開催は非常に危険の大きな事業企画であったのである。

朝日新聞社の経営

大阪朝日新聞社が、危険をおかしてでも大規模なイベントの創出に踏み切ったのには、大正初期マスメディア企業として成長しつつあった同社の経営戦略があった。元来、大阪朝日新聞社は、一八七九（明治一二）年に勧善懲悪的三面記事や通俗的小説を売り物とする小新聞《こしんぶん》として創刊された新聞である。当初は経営不振であったため、極秘の政府出資を得て、「中立」を仮装しながら密かに政府に利する言論報道を行なっていた。この間の一八八九年には東京に進出し、諸新聞の中ではじめて東京大阪の二大都市での新聞の発刊を実現するなど経営を拡大させることに成功したのである。

その後、政府との極秘関係は隠密裡に解消し、明治中期以降は村山龍平と上野理一の共同所有、共同経営の新聞社として発展した。一九〇八年には「東京朝日」の経営難もあって大阪と東京を組織上合併、朝日新聞合資会社として一本化し経営の安定をはかったが、本社はあくまで大阪にあり、大阪のほうが東京よりもずっと規模が大きかった。また、報道言論とも東京と大阪では別々に行なわれていた。

社内資料による東西「朝日新聞」部数を表1に掲げた。これから分かるとおり、「大阪朝日新聞」は明治末期から着実に発行部数を増加させ、一九一五年ごろの「大阪朝日新聞」は、発行部数約二五万部（一九一五年上半期）に達していた。総収入は約八五万円にのぼり、きわめて安定した拡大軌道に乗っていたのである（津金澤聰廣・山本武利・有山輝雄・吉田曠二『近代日本の新聞広告と経営』朝日新聞社、一九七九年、参照）。

「大阪朝日」の最大のライバル紙となっているのは「大阪毎日新聞」である。「大阪毎日」は、一八八九（明治二二）年創刊され、明治中期以降は本山彦一の経営手腕によって「大阪朝日」を激しく追撃し、両紙は大阪市内やその周辺で激烈な販売拡張戦を展開した。

その過程で中小新聞を市場から駆逐し、大正初期には大阪一円で両紙の寡占体制を確立した。それ以降、「大阪朝日」「大阪毎日」二紙は、購読料値上げや販売店維持、他紙の新規参入防止などについて協定を結び、寡占体制を安定化させながら、その枠のなかで販売広告両面で激しい競争を展開し、しのぎをけずっていたのである。

しかも、大正初期の「大阪朝日」は、ジャーナリズム活動においても新聞界の指導的立場にあった。当時の編集局長は鳥居素川で、その傘下に長谷川如是閑、大山郁夫、丸山幹治等のそうそうたる論客を擁し、「民本主義」言論を展開していたのである。「大阪朝日」は、『中央公論』によった吉野作造とともに大正期の民主主義的潮流の先頭にたっていた

表1　朝日新聞の発行部数

年次	大阪朝日	東京朝日
1918	342,386	221,434
1919	341,300	223,354
1920	376,032	250,088
1921	444,552	291,957
1922	562,700	274,900
1923	585,284	289,464
1924	689,974	410,221
1925	754,373	422,527
1926	782,709	431,811
1927	866,256	573,838
1928	922,891	553,318
1929	966,398	587,495
1930	979,530	702,244
1931	914,355	521,228
1932	1,054,021	770,369
1933	1,041,115	844,808
1934	1,138,482	885,007
1935	897,594	913,342

注　『朝日新聞社販売百年史』から作成。

のである（詳しくは拙著『近代日本ジャーナリズムの構造』東京出版、一九九五年、参照）。大正初期の「大阪朝日新聞」は、経営的においてもジャーナリズムにおいても新聞界の第一人者であったといっても過言ではない。

経営戦略としてのイベント創出

このような朝日新聞社経営拡大の過程において、注目すべきことはさまざまなイベントを創出していくことが重要な経営戦略となっていたことである。日露戦争後の大きなイベントをあげるだけでも、ロセッタ丸を利用した満韓視察巡遊団、モンゴリア丸による世界一周会、米人飛行家マースを招待した飛行大会など多彩な事業を企画し、人気を博していた。

ただ、新聞社によるイベントの開催は、朝日新聞社にかぎったことではない。明治期から、各新聞社は競って趣向をこらしたさまざまなイベントを創り出してきた。たとえば、時事新報社の富士登山競走（一九一三年）、大阪毎日新聞社の日本オリンピック大会（一九一三年）、国民新聞社の家庭博覧会（一九一五年）など大規模なものから小規模な催事まで枚挙にいとまがない。企業的に形成しつつある明治末期から大正期の新聞社にとってイベントの創出が重要な経営戦略となっていたのである。

明治中期までの多くの新聞は、新聞記者たちの主義主張にもとづいて発刊され、それぞれが強烈な独自性をもっていた。しかし、そうした言論本位の新聞が政府の取締りや営業的競争のなかで衰退し、不特定の読者の獲得をめざす営業主義が大勢となってくると、明確な意見主張は薄れ、「不偏不党」を掲げる報道中心の企業的新聞が形成されてくるのである。しかし、それは反面では新聞活動が同質化し、新聞の独自性が薄れていくことである。

そうした横並びの「不偏不党」状況のなかでは、商品性をもつためには、他の新聞と異なる個性をもたねばならない。しかし、あまりに特殊な個性であったのでは、多くの読者を得ることはできない。求められるのは、他の新聞との小さな差異である。アメリカの政治学者リースマンは、これを「限界的特殊化」と呼び、「自分たちのそれぞれのパーソナリティに小さな差をつける。その差はほんのちょっとのものでなければならない。あまりにちがいすぎると具合が悪い」と指摘している（『孤独な群衆』、三八ページ）。そして、その小さな差異へのこだわりは、「取るに足らない相違についてのナルシズム」をも生みだしかねないと指摘している。こうした小さな差異やそれへのナルシズムは、新聞に限らず、現代の大衆消費社会のさまざまな商品に広くあてはまることであろう。

新聞における小さな差異は、他紙に先駆けた速報（特ダネ）などによって生まれてくるはずだが、それだけでなく新聞社が人為的に出来事を作り出し、事件化することはきわめて有効な方法である。自作自演のイベントは自社の独占的ニュースとして他社との差異をつくりだす。たとえば、自社の主催する「世界的」美術展は、自社の独占的ニュースであり、それによって生まれた小さな差異を機としてキャンペーンを展開し、読者拡大や広告増益をはかり、さらに新聞のイメージアップをはかることが重要な経営戦略となるのである。無論、イベントそのものが、収益をあげれば、それに越したことはない。

大正初期の大阪朝日新聞社の場合、本業である新聞発行で十分収益をあげ、企業的構造を形成しつつあったから、イベントの収益に期待するところはあまりなかったはずである。しかし、ライバル大阪毎日新聞社との激しい競争のなかで、少しでも先行し、いっそうの経営拡大を実現していくためには、イベントを利用した販売・広告の拡張はぜひとも必要であった。「野球のヤの字も知らなかつた」社長村山龍平が（村山長挙「大会の終止に当って」『全国中等学校優勝野球大会史』朝日新聞社、一九四三年、六ページ）、リスクを承知のうえ、大会主催に踏み切ったのは、明治末期以来の野球の人気がイベント創出の絶好の資源であり、販売・広告拡張活性化の大きな契機となりうるという読みがあったであろう。さらに、もっと大きな経営戦略からすれば、全国各地の優勝チームを集合させ覇を競わせるという前代未聞の大会を開催することで、大阪朝日新聞社の実力を読者の眼前に誇示し、「大阪朝日新聞」の名望を大きく高めるという狙いがあったと考えられる。全国優勝野球大会の開催は、大阪朝日新聞社のごとく経営的に安定し、大規模化しつつある新聞社によってはじめて可能であったし、また大阪朝日新聞社はこの成功によって一段と名望を高め経営拡大をはかっていこうとしたのである。

「日本独特の武士道野球」という物語

朝日新聞社の役割

一九一五年七月一日掲載の社告は開催趣旨について次のように述べている。

野球技の一度我国に来りてより未だ幾何《いくばく》ならざるに今日の如き隆盛を観るに至れるは同技の男性的にして而《しか》も其の興味と其の技術とが著しく我国民性と一致せるに依るものなるべし、ことに中学程度の学生間に最も普《あまね》く行はれつゝありて、東海五県大会関西大会等を始めとし各地に其の連合大会の挙を見ざるなきに至れり、然《しか》も未だ全国の代表的健児が一場に会して潑剌たる妙技を競ふ全国大会の催しあるを見ず、本社は之《これ》を遺憾とし茲《ここ》に左記の条件により夏期休暇中の八月中旬を卜《ぼく》し全国各地方の中等学校中より其の代表野球団、即ち各地方を代表せりと認むべき野球大会に於ける最優勝校を大阪に聘《へい》し豊中グランドに於て全国中等学校野球大会を行ひ以て其選手権を争はしめんとす

一参加校の資格は其の地方を代表せる各府県連合大会に於ける優勝校たる事

一優勝校は本年大会に於て優勝権を得たるものたる事

一選手の往復汽車又は汽船賃は主催者に於て負担する事

この短い社告は、全国優勝野球大会の創成において朝日新聞社が果たすことになる役割の要点を述べている。第一の役割は、いうまでもなく全国優勝野球大会を実際に組織し運営していく役割である。朝日新聞社は、その組織力・資金力・運営力をあげて全国各地の大会を組織し、それを大阪に呼び集め、大会を設営した。しかし、朝日新聞社の役割は、それだけではない。もう一つの重要な役割を果たしていくことになった。すなわち、「我国民性と一致」する野球、日本独自の野球という物語を形成し、それを語り続けることによって、全国優勝野球大会を日本独自の野球の具現化としていったのである。

前にも述べたとおり、イベントのなかには、花火大会のように人工的に作り出される出来事としてその場における好奇心や興奮に訴えかけ、それだけで完結しているものもある。

しかし、規模の大きなイベントや持続的なイベントはなんらかの社会的主題をもった物語がなければならない。たとえば、勧業博覧会は、日本の産業的発展という物語があり、それの具体化として構成されることによってはじめて社会的に大きな意味を持った出来事となり、存続しうるのである。

そうした物語を提供・増幅して広く社会に浸透させることにおいてマスメディアの果たす役割は大きい。まして、マスメディア自身が創出するイベントでは、マスメディアがそのイベントの社会的意味を説明する物語を作りだし、広く訴えていくことによってイベントは大きな社会的事件となるのである。

全国優勝野球大会において、主催者である朝日新聞社は各地の地方大会から全国大会までの組織化、運営にあたり、文字通り大会の骨格を形成した。そして、その骨格に肉づけする、国民性に合致した日本独自の野球という物語を造成・普及する役割を果たし、これによって中学生の野球大会は大規模で永続的なイベントとして生まれたのである。

地方大会の組織化

大阪朝日新聞社にとって、最初の難問は、いかにして各地方の大会を作っていくかであった。このイベントの最も重要な特徴は、全国優勝野球大会と銘打たれたとおり、各地の大会において優勝し、その地方の「代表」と認められたチームを一堂に集め、選手権を競わせる全国大会であったことであるから、全国大会を開催運営するだけではどうしようもなく、各地方レベルの大会までも作っていかねばならなかったのである。これまで、報知新聞社による府下中学校連合野球大会の主催のごとく、地方レベルの野球大会を新聞社が主催する例はあったが、一つの新聞社が地方レベルから全国レベルまでのトーナメント大会を開催するというのはまったく考えられないことであった。それだけに、中学野球の全国大会開催は、大胆で画期的な企画であったが、その実現は容易なことではなく、大会関係者も「『中等学校の全国大会を開くなんて、いふべくして到底行はれないことだ』と冷笑に近い観測」があったと認めるほどであった。

当時、野球の盛んな地方では、地方レベルの中学野球大会が開かれていたが、そのような大会がまったく行なわれていない地方もあり、また既存の大会といえども、もともと朝日新聞社の計画と無関係であったのであるから、それらを全国優勝野球大会の地方大会として系列下することも一筋縄でいかないことであったのである。

大阪朝日新聞社は、各地通信部に地方大会開催を計画させるとともに、社会部員田村省三を各地に派遣し、組織化にあたらせた。だが、各地中学野球それぞれ事情もあり、また大阪朝日新聞社はまだ全国紙ではないため通信部自体の力量が弱い地方もあって多くの困難があった。第一回大会において大阪朝日新聞社の地方通信部が地区予選を組織できたのは、京津大会、兵庫県大会、山陽大会だけである（「大阪朝日」一九一五年七月二四日）。それ以外の地域では、すでに独自に行なわれていた地方レベルの大会をとりあえず利用し、既存の大会のない地方では臨時の大会を開かせたのである。

関西では、一九一三（大正二）年以来、水野利八の経営する運動器具販売会社美津濃商店が関西学生連合野球大会を主催し、すでに一定の実績をあげていた。この大会は、もともと中学野球振興のために水野利八が大阪毎日新聞社に企画を持ちかけたのが断られ、自らの会社で主催していたものであったが、美津濃商店は大阪朝日新聞社の田村省三の説得に応じて大会の開催権を放棄し、全国優勝野球大会の地方大会に組み替えられていった（美津濃株式会社『スポーツは陸から海から大空から――水野利八物語』美津濃株式会社、一九七三年、一四八ページ）。これは、比較的スムースに地方大会が成立した例である。

東京大会は武侠世界社主催の府下中学校野球大会が、すでに実績のある大会として存在していたため、第一回は武侠世界社大会の優勝校をそのまま東京優勝校として出場させた。しかし、朝日新聞社は翌年から独自の関東大会を開催することとしたため、武侠世界社との関係にしこりを残すことになってしまった（大村一蔵「東京中等学校野球連盟の成立に就て連盟選手諸君に告ぐ」『運動界』一九二三年九月号)。

また中部地区は各社連合主催の東海五県連合大会、四国は高松体育会主催の野球大会、九州は抜天倶楽部主催の大会といったふうに他の団体などがすでに開催していた大会の優勝チームをそのまま出場校とした。

東北地方では、秋田中学が大会参加資格を希望したが、地方大会なしの参加を承認するわけにはいかず、秋田農業、横手中学三校だけの臨時大会を急遽開いてかたちだけ整えた。また山陰地方では、数年以前から鳥取と島根の中学の試合が行なわれていたが、応援合戦が過熱し「猛烈なる妨害を試み果ては石を投げる者さへありて如何なる変事を生ずるや図り難し」という状況にいたっていたため地元では試合できず、やむなく両県代表校を豊中に呼び寄せ地区優勝を決めるという便宜措置をとったほどである(「大阪朝日新聞」一九一五年七月二九日)。

ともかく第一回大会一〇校の出場校は寄せ集めで、ようやくのこと決まったのである。第二回以降は、しだいに地方大会も整備され、また本大会が実績をあげていくにつれ地方大会出場校も増加していくことになった。だが、地方大会の組織化は、大阪朝日新聞社にとって容易ならざる問題であり続けた。しかし、反面では、地方大会組織化を通じて、

「大阪朝日新聞」の題号は地方にまで浸透し、その名望を高めていくことになったのである。

「凡てを正しく、模範的に」

地方大会や本大会の組織化によって大会の骨格ができあがったとしても、それに肉づけすることができなければ、マスメディアイベントとしての全国優勝野球大会は成立することができない。大阪朝日新聞社は、中学生の野球大会に独特の物語を形成していかねばならなかった。そこで、大阪朝日新聞社が持ち出したのは、日本独自の武士道野球であった。大会組織化に功績のあった大阪朝日新聞社員中尾濟は「本大会の試合は職業化せる米国野球の直訳ではなくて、武士道的精神を基調とする日本の野球」であると端的に語っていた（「十四年間の回顧」前掲『全国中等学校優勝野球大会史』、六ページ）。また、先に引用した大会開催の社告でもアメリカ伝来の野球が日本で大いに隆盛をみせているが、それは「男性的にして而《しか》も其の興味と其の技術とが著しく我国民性と一致せるに依るもの」と謳っている。朝日新聞社は、全国優勝野球大会というイベントをたんに中学生の野球試合の面白さを売り物とするのではなく、アメリカ文化とまったく異質な「武士道的精神を基調とする日本の野球」として意義づけていこうとしたのである。

「武士道的精神を基調とする日本の野球」という考え方は、朝日新聞社の独創ではなく、すでに述べてきたとおり、一高の校庭で形成され、明治末期に私立大学や中学にまで浸透してきた野球観であった。朝日新聞社は野球大会主催にあたって、そうした野球観を継承し発展させようとした。

しかし、それは反面では前述したとおり明治末期にすでに顕在化していた、野球熱の隆盛が一高流の武士道野球観の枠を越えて溢れ出し、さまざまな社会的批判を浴びるという難問を引き受けざるをえないということでもあった。その点は、朝日新聞社も十分自覚していた。中尾済も、運動競技は「うまく行けば人間訓練の手段として殆ど最上のものともいひ得るであらうが、悪くすれば良心なき闘技者と懶惰《らんだ》なる賭博者的遊民の群を製造するのみで、遂には国家社会の基礎をも危くする危険を胚《はら》んでゐる」と述べている。しかし、中尾が「利を薦《すす》め弊を撓《たわ》むる上において、事実の報道批判といふ在来の新聞使命以上に社会的貢献をなし得る自信と期待があつたためである」と明言していたし（前掲『全国中等学校優勝野球大会史』）、当時の大阪朝日新聞社社会部長で、野球大会実現にあたった長谷川如是閑も「大朝社の運動競技への進出を、われわれは一種の『干渉』であらねばならぬとさへ考へた」と語っていた。

「大阪朝日新聞」関係者は、明治末期以来の野球の問題状況を十分承知し、それをメディアの力で指導・是正する覚悟と自信を持って大会を始めたのである。「凡《すべ》てを正しく、模範的に」（前掲「十四年間の回顧」）が大会のモットーであった。朝日新聞社は、野球の過熱によって動揺しかけていた武士道的野球観を再結晶させ、全国優勝野球大会を武士道野球的に「凡てを正しく、模範的に」構成しようとし、そうした大会の物語を語っていこうとしたのである。これは、現在の甲子園大会をも律している。

武士道的儀礼

全国優勝野球大会では、中学生がスポーツである野球を遊びとして楽しむという側面をほとんど無視され、あたかも武士の真剣勝負であるかのように報じられた。たとえば、大会に参集した選手の行儀作法は、「古武士の感懐も斯くやと偲ばれる」などと描写された（「大阪朝日」八月一八日）。中学生の野球選手を「古武士」などと表現するのはなんとも大げさだが、たんに新聞記者の筆の走りすぎではなく、大会を貫く野球観から生まれているのである。

大会は武士道野球の言説によって飾られるだけではなく、大会規則などによって大会運営、選手やチームの行動も細かく定められ、武士道にふさわしいものとして構成された。大会は、武士道的儀礼といった性格をもつことになったのである。その典型が、試合の開

なり居れるを以て本社は満天下の野球家が渇仰せる番組を一日も早く作成すべく愈今十五日午前十時福井、平岡の両副審判長、準備委員及び本社員等立合ひ其の抽籤を行ふ事となれり、而して之に依り編成されたる番組は十六日の紙上を以て發表する事とせり

▲試合前後の禮式

本社は其の競技にも審判にも總てに於て模範的たるを期し今回の大會にては其の試合を左の如き方式に依り開始する事とせり

試合前兩組選手は圖の如く本壘の左右に相對して整列し雙方キヤプテンのみは更に數歩前に位置し正副審判長の中一名は本壘上に立ち

一、雙方敬禮を行はしめ

二、審判員を兩組に紹介し

三、チームの所屬及び選手の氏名を審判員に紹介し

四、審判員をして注意條項を兩組に說明せしめ

五、終つて故障なき時は直に試合を開始す。

斯くて試合終了後兩組は再び兩位置に整列して敬禮す

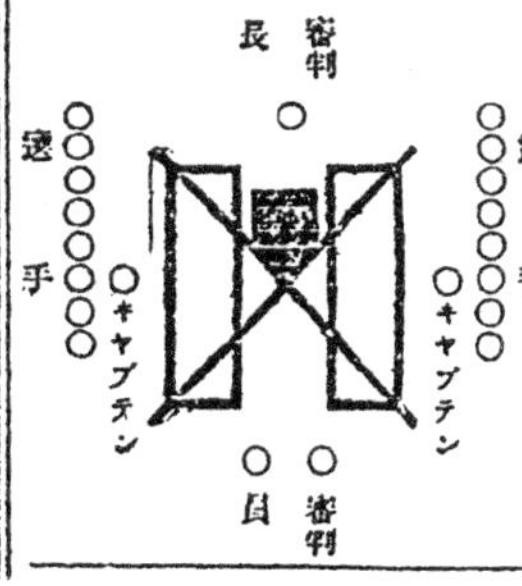

「試合前後の礼式」を説明する「大阪朝日」記事
（大正 4 （1915） 年 8 月15日）

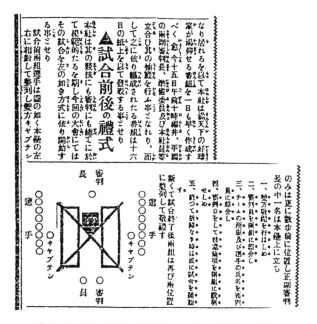

始と終了に際し、審判立ち会いで両チームが本塁をはさんで整列し挨拶する儀式である。これは、いまでは草野球にまで慣習化している儀式だが、アメリカのベースボールの試合ではこのような儀式は行なわれない。日本独特のものである。これは、「礼に始まって礼に終るべき我が国の学生野球には当然付随すべき儀礼」(『全国中等学校野球大会史』)として「大阪朝日」が第一回大会にあたって定めたものなのである。第一回の「礼式」では、現在行なわれているものより念がいっていてキャプテンが一歩前に出て「チームの所属及び選手の氏名」を紹介することになっていた(「大阪朝日」一九一五年八月一五日)。

さらに、武士道的野球を最も発揮する試合形態が、トーナメント方式である。トーナメント予選方式は、伝統校などが、適当な相手と対抗戦を組んでいた閉鎖性に比し、平等性と開放性を保証している。これが、新規参入を招き、大会の規模を雪だるま式に大きくさせることになった。

だが、トーナメント予選方式は参加を広く認めるにしても、そこから先は、負ければ終わり、勝ち抜くことがすべての厳然たる勝負の世界である。それだけに一戦一戦が真剣勝負である。地方予選から一戦一戦勝ち進んで優勝する。初期の大会では敗者復活戦方式もとられてはいたが、基本的には地方優勝チームの集まる全国優勝野球大会で一回戦から勝ち進み、最後の決勝戦の勝利によって一チームだけが最頂点に達し、至上の名誉を独占する、これが全国優勝野球大会である。

大阪朝日新聞社は、それまで各地の大会に分散し局地的なものであった優勝者の名誉を一元化し、全国大会の決勝戦までの巨大な階層的ピラミッドに組織化したのである。さらに第一回大会はまだ未整備であったが、第三回大会からは、開会式において出場チームの入場行進を開始した。これは、この年に東京芝浦で行なわれた第三回極東競技大会で各国選手団が国旗を掲げて入場したことをヒントにしたとされるが、各地優勝チームが郷土の名誉を担って出場し、全国大会において覇を競う大会を集約的に表現する儀式として演出されたのである。各校が地方大会優勝旗を掲げて行進する入場式は、今でも開会式のハイライトである。

そして、全国優勝野球大会決勝戦に勝利し、全国の頂点に立ったチームには、「天皇旗」と同じ生地である「皇国織」でできた「空前の壮麗を極めた」優勝旗をもって「全国唯一の優勝選手を表彰する」ことにした（「大阪朝日」一九一五年八月一三日）。皇室をはばかって、優勝旗が「皇国織」であるというのは口外無用とされたというが、その製作費用は一五〇〇円もかかり、当時の物価では立派な家が建築できるほどの金額であったという。

こうした全国的ピラミッドに貫徹されているのは、全国優勝野球大会という大会名称のとおり、優れた者が勝ち、劣った者が敗れる厳然たる優勝劣敗の原理である。無論、スポーツは基本的に勝つか負けるかという競争であり、スポーツイベントは競争の組織化である。トーナメント方式の大会はほかにもあったし、全国優勝野球大会だけが優勝劣敗原理を貫徹させているわけではない。しかし、当時の日本において、そしておそらく現代においても、全国優勝野球大会のピラミッドほど、大規模かつ明快に優勝劣敗原理を具現化しているものはなかった。

集団への献身と敢闘精神

しかし、前章でも述べたとおり、普及拡大してきた野球は、一高以来の武士道野球の枠にはおさまりきれない状況が顕在化してきていた。そこに全国優勝野球大会を開催すれば、いくら「凡てを正しく、模範的に」を目標としたところで、ますます野球は過熱し、野球の「害毒」はいっそうはなはだしくなることは必至である。そこでは、大会において武士道野球の儀式を外面的に整えるだけでなく、一高以来の武士道野球観にある程度の修正補強が求められていた。一高以来の「武士道的野球」の原理は、すでに述べたとおり優勝劣敗の勝利至上主義、徳育・気力重視の精神主義、校風発揮の集団主義であった。当然、これら原理は、引き継がれていくが、それに加えて、集団への献身と「敢闘精神」が強調されだしたのである。

大会開催の社告掲載以降、「大阪朝日」は大会の前人気を盛り上げるため、かつての野球害毒論争において野球弁護論を展開した安部磯雄早大教授、鎌田栄吉慶大教授など有識者を起用して野球への期待の談話を連日掲載し、また社説等の記事でも野球論を展開しているが、そこでは、集団への献身、敢闘精神が武士道野球の精神として称揚されている。集団への献身にしろ、敢闘精神にしろ、「大阪朝日新聞」が創始したわけではなく、明治末期の野球の普及過程ですでに唱えられだしていたが、全国優勝野球大会において「武士道的野球」の重要な属性として確認され、強調されていったのである。

一高における集団主義は、所属する集団（学校時には国家）を代表してその名誉のために闘う、所属集団と外部集団との対決という意味が中心であった。それは依然として生き続け、たとえば郷土の代表といったかたちで強調される。だが、それと同時にチームへの献身、集団内での自己犠牲が強調されるようになったのである。

第一回大会開会当日の「大阪朝日」は社説「全国優勝野球大会に就て」を掲げ、野球の社会的効用を論じているが、そこでは「協同的努力を養はしむるものは」野球が随一であると主張している。野球は、チームを構成する各選手がそれぞれのポジションで「協同的努力」を発揮する運動であり、野球の普及拡大は社会全体に「協同的努力」の精神を養成することになるというのである。この社説は、おそらく大会開催に尽力した社会部長長谷川如是閑の執筆で、彼としては自立的個人の自発的「協同」というつもりで「協同的努力」という言葉を使い、必ずしも集団への自己犠牲といった意味を含ませるつもりはなかったと考えられる。

しかし、「大阪朝日」紙面全体では、集団への自己犠牲を美化する文脈で野球の「協同」性が高唱されていた。七月二三日掲載の慶応大学塾長鎌田栄吉談話は、「試合中団体の為にはサクリファイをやり全団体の為を図るは少にしては義侠、犠牲的精神を養ひ、大にしては尽忠報国等の愛国的大精神の淵源となる」と主張している。自己を棄てた「犠牲的精神」の発揮・養成こそ野球の真髄と称揚され、全国優勝野球大会はそうした「犠牲的精神」を顕彰し広く国民全体にまで普及させる場とされた。しかも、「犠牲的精神」は、たんに中学生の野球の戦術問題ではなく、国民全体の「尽忠報国等の愛国的大精神の淵源」であったのである。

また、「犠牲的精神」と並んで、野球の精神として持ち出されたのは、「敢闘精神」である。たとえ技術・体力は劣っても正々堂々と相手と対戦し、自己の力を遺憾なく発揮する

「敢闘精神」が、あるべき野球の精神として賛美された。「敢闘精神」賛美は、明治後半期から欧米スポーツのフェアプレー精神の翻訳的概念として強調されていた。フェアプレー精神自体一義的な概念ではないが、最も重要な属性は試合においてルールを守り卑怯な行為に及ぶことなく公正に相手と競技するということであろう。こうした意味でのフェアプレーも主張されたが、それとともにフェアプレーの意味として強調されたのが、死にものぐるいで相手と闘う敢闘精神であり、それは武士道の精神でもあると捉えられたのである。早稲田大学野球部の指導者安部磯雄は、「武士道の精神から言へば、倒れたる武士が起き上るのを見て始めて試合を継続すべきである。フェアプレーの精神も之に他ならぬ」と説いていた（「運動の精神」北原鉄雄『アルス運動講座』第一輯）。イギリス流のフェアプレーは「敢闘精神」を介して武士道野球に包摂されたのである。

　しかも、この時期の「敢闘精神」の強調は、一高的な必勝主義の行き過ぎ防止という意味を持っていた。全国優勝野球大会開催にあたって、安部磯雄は「如何《いか》なる場合も真面目なる伎倆を発揮して真摯なる態度を尽したる以上は勝敗の如何《いかん》は敢て問ふ必要はなからうと信じる」（「大阪朝日」一九一五年七月二〇日）と述べ、先にも引用した鎌田栄吉も「野球の根本目的は勝敗の如何にあらずして飽迄青年らしく学生らしく立派に上品に正当なる手段の下に所謂ベストを尽くして技を楽しめば事足れりで何も勝敗の二字に全然拘泥したり執着する必要は無いと信ずる」と語っていた。彼らが、勝敗に拘泥することから生まれる弊害として具体的にあげているのは、応援団の猛烈な野次によって相手選手を萎縮させるといったことであるが、それだけではなく、前章で述べた野球害毒論争で争点となった野球選手優遇策なども手段を選ばず試合に勝とうとする意識の表れであった。これに対し、勝敗とは別の価値基準として「敢闘精神」を持ち出しているのである。

勝者も敗者も等しく「敢闘精神」を発揮したとしても、「敢闘精神」を賞賛されるのは、敗者である。敗者の発揮した「敢闘精神」の美しさが讃えられ、勝者にまさるとも劣らない名誉が与えられることによって、敗者は汚辱と失意から救い出される。

明治末期の野球害毒論争などによって勝利至上主義の弊害が浮かび上がってきている状況で、勝者の栄冠を手に入れるのは、決勝戦に勝利する、たった一つのチームだけであるというトーナメント方式の大会を開催すれば、勝利至上主義が過熱するのは必至である。「凡てを正しく、模範的に」を目指す大阪朝日新聞社としては、「敢闘精神」の賞賛は、大会にぜひとも組み込んでおかなければならなかったのである。

昭和に入ってからの回顧だが、大会会長・朝日新聞社長村山長挙は、「犠牲精神、力の限り戦ひ抜く敢闘精神、いや全く日本の武士道精神そのもの」であると（前掲村山長挙「大会の終止に当って」六ページ）、「犠牲精神」と「敢闘精神」を「武士道精神」、すなわち大会の華と礼賛している。実際、大会ごとに、「犠牲精神」「敢闘精神」を体現した選手たちの美談が、新聞によって作られて、広められていくことになる。さらに、そうした精神が、野球の技術、戦術にまで浸透していくことになったのである。たとえば、バントは、奇襲攻撃という性格をほとんど失い、打者が犠牲になって一塁走者を二塁に進める戦術としてのみ高度に発達していくし、無駄と分かっていても走者は頭から猛然と一塁に滑り込まなければならないのである。

野球の「早わかり」

大会と試合を「武士道精神」の儀礼として整えれば、次の問題は観衆の形成である。観衆も「武士道精神」の野球にふさわしい見物人あるいは儀礼の参加者として形成していくということである。端的には、中学生の運動遊戯の未熟さを面白がる存在ではなく、その純真さに共鳴し、感動する存在でなければならない。

野球が普及したといっても、約二五万部発行の新聞の読者全体から見れば、馴染みの薄いものであったから、「大阪朝日」は当初は野球そのものの説明から始めなければならなかった。それは、たんなる野球のルールの説明ではなく、ボールを投げ、打つ行為の連続をどのように解釈するかという枠組みを教示することであった。そこで持ち出されるのは、やはり武士道であり、その集成である戦争である。

第一回開会式八月一八日当日の「大阪朝日新聞」は、見開き二ページの特集記事「初めて野球を見る人の為に」を掲げている。これは、まったく野球を知らないものに野球を「早分り」させようとしたものだが、野球というものにたいする「大阪朝日」の考え方が如実に表れている。大変面白い記事で、一部を抜粋要約すれば、「戦場での攻撃ならば大砲小銃」であるが、野球では「攻撃軍」が「打棒を振つて敵の投手の球を打ち返す」、打ち返すのは「お前の陣形を大に乱して」塁を陥れるための「合図の第一砲」であり、「近世的の要塞が二三発の大砲位では容易に追付かない如く」「守備軍」が堅く守っている塁を次々に陥れて無事に「凱旋（又は生還）」することによって得点を与えられ、「生還者」が多いほうが「勝者」となるというのである。

現在、野球を知っている者からすれば滑稽な説明だが、明らかに、野球は戦争ととらえられているのである。ここで使われている「本塁」（とりで）などの言葉が、今でも野球用語として使用されているとおり、こうした説明はわれわれの野球の原イメージである。

試合の報道記事も、戦争のアナロジーが駆使されている。試合は「決戦」、球場は「戦場」と呼ばれ、たとえばヒットエンドランの失敗は、「打者との信号に狂ひを生じて空しく死屍を重ねて万斛《ばんこく》の血涙をのむ」といった調子である（「大阪朝日」一九一五年八月一九日「決戦第一日」の鳥取中対広島中の試合の描写）。現在でも巨人軍と自称している野球チームがあるが、このころから各中学チームは「高松軍」「九州軍」などと呼ばれていた。

多かれ少なかれスポーツの試合は戦争の模擬化であろうが、「大阪朝日」は模擬化から生まれたスポーツをもう一回もとに戻しナマの戦争の論理で説明しているのである。それは、初心者にとって分かりやすい説明であることは確かである。だが、そこでは、戦争が抽象化されてスポーツに転生する過程でスポーツの属性となった遊戯性という要素を取り落としてしまっている。優勝野球大会では、遊戯性を捨象し、真剣勝負という側面に観衆の注視が集められる。

しかも、「純潔そのまゝの心をフイルドに傾けて根限り闘ふ、技術者は若さがあり不足はあつても、終止試合を支配する熱度は試合を美化して剰すところがない」（飛田穂洲「日本魂の行列」『全国中等学校野球大会史』、一一二ページ）と、観衆は、真剣勝負に発揮される技術の卓越性ではなく、そこでの純真な精神に共鳴し、感動すべく導かれるのである。

そして、試合する選手の発揮する「武士道的精神」は、見物する観衆がそれに感動し、賛美することによっていっそう光彩を放って見えるのである。

見せる武士道野球

しかし、「武士道的精神を基調とする日本の野球」を「正しく、模範的」に実現し、しかもそれをマスメディアイベントとして成立させるのはきわめて厄介なディレンマを抱え込むことであった。元来、一高で生まれた武士道野球は、観客に見せるということはまったく眼中になかった。基本的に生徒選手の自己満足的な運動であったのである。しかし、野球の人気が高まり、自然発生的に不特定の観客が集まるようになれば、選手が観客の眼を意識するようになるのは、必然的なことである。「野球害毒」論争の論点の一つは、観客の眼を意識した選手の「華美」さ、スタンドプレーを非難することであった。また、観客が集まるようになれば、当然入場料徴収ということも起こり、野球の興行化が争点となったこともすでに述べたとおりである。見られることをまったく意識していなかった武士道野球が、見る者と見られる者の関係に巻き込まれてしまったのである。

そして、マスメディアイベントとしての全国優勝野球大会は、当然のことながら観衆を集め、観衆に試合を見せ、新聞紙面で大々的に報道するために開かれるのである。見る者と見られる者を組織化し、見せる活動を大々的に展開していくことにほかならない。観客の眼を意識することを否定する禁欲主義的な武士道野球は、マスメディアイベント本来の性格と相反しているのである。実際、観客席に取り囲まれたグランドで試合をする選手が、観客の眼を意識しないことは不可能である。

しかし、大会の組織者・演出者である大阪朝日新聞社は、選手に観客の眼を意識しない真剣な純真さを求めていくことになった。観客の眼を意識した派手な振舞いや態度は、武士道野球に反する行為として否定される。選手は、大観衆のなかでプレーしているにもかかわらず、まったくそれを意識していないかのように振る舞わなければならない。大ホームランを打って、大歓声のなかでホームベースを踏んだとしても、なにごともなかったかのように少しうつむいてダッグアウトの奥に入っていかなければならないのである。

応援団の規制

また、もう一つの厄介な問題は、応援団であった。応援団は、いわば所属校や郷土を選手と共有する特別の観客として、試合中の選手や一般観客が感じていながら、ルールに縛られていたり、あるいは集団的凝集性が低いため十分表現できない気分（敵愾心《てきがいしん》、闘争心、失意、落胆など）を誇張増幅することによって、選手と自分自身、さらに観衆を鼓舞し、試合を盛り上げる役割を果たすものであるから、演劇的性格を帯びるのは必然的である。奇抜な服装（このころはバンカラの紋付袴、髭などの威圧的服装）、相手を罵倒し嘲笑する大声の野次、おおげさな身振り、旗幟、太鼓などの演出が、祝祭的気分を盛り上げるのである。

応援団の起源ははっきりしないが、初期の野球応援のスタイルを作ったのは、前述のとおり一高であった。それは、相手選手を猛烈な野次で萎縮させ、試合の勝敗さえ左右しかねない勢いであった。「一高式応援」とも称された、その応援スタイルは、バンカラ気分とともに他の学校や地方中学校にまで広まっていった。

野球熱とともに、応援の熱度もあがる。野球試合には、ともかくもルールと統制があったが、応援学生には格別のルールも統制もないまま模擬戦とエネルギー発散が試合以上に盛り上がり、半人前だが〝将来のある〟学生の蛮行を黙認する社会風潮とあいまって、応援学生どうしの乱闘、騒乱が発生することも決して珍しくなかったのである。

新聞社は、イベントの活況のために多数の応援観客と興奮した雰囲気を作り出さねばならなかった。だが、それが「礼儀」を重んずる武士道野球の域を越えて、お祭り騒ぎに転化し、収拾できない混乱にまでいたることは決して望ましくない。それは、儀礼として野球大会を揺るがせかねない。

このため大阪朝日新聞社は、第一回大会以来、応援団を規律化し、「礼儀」を順守させることを大きな課題としたのである。第一回大会では、事前に「吾社は今回の大会を模範的に挙行すべく近頃漸く野球界の一問題となりつつある野卑なる所謂弥次は絶対に之を禁止するの方針なりされど正々堂々として味方の士気を鼓舞し而も試合全般の上に多大の活気を添ふべき整然たる応援に対しては歓迎せん」と通告し、応援団に対し「不真面目なる服装と野卑の言動を厳禁する」規則を定め、応援団の「定席」を設置した。応援団の不作法な雰囲気が一般観衆にまで伝染することを恐れたのである。現在でも、一般観客席と応援団席を区別することは行なわれているが、当初は無秩序過熱化する応援団を隔離するための方策であったのである。また、一般観客にも「応援は一切野卑に亘《わた》るを禁ず」という「観覧者心得」が定められた（「大阪朝日」八月一六日）。

その後も、「大阪朝日新聞」は応援団の集団的規律を確保しようとするのだが、一方で、応援団の乱暴だが生気ある応援は大会必須の風物詩であったし、紙面の大会記事を賑わせているのは、応援団の野次合戦の風景である。

大会の隆盛のディレンマ

野球美談の創造

一九一五年、一〇校で始まった全国優勝野球大会は、回を重ねるごとに参加校も増え、観客も増加するなど拡大していった。第一回・第二回大会は豊中グランドで開催されたが、回顧談によれば、第一回は五日間通じての観衆は五〇〇〇人とも、一万をわずかに出た程度ともいわれる（中尾済「十四年間の回顧」『全国中等学校野球大会史』、一二ページ。中尾「大会二六年の回顧」『全国中等学校優勝野球大会史』、三一ページ）。第二回となると、観客は倍に増加し、第二回決勝戦には約一万人の観衆がつめかけたという。ただそれでも、スタンドはまだ余裕があり、外野の土堤は相当の空席がめだったという。観衆の層も、「学生か学生生活をやめて、まだ間もない男子ばかり」、女性は大会副委員長の令嬢一人であったという挿話さえある（前掲中尾済「大会二六年の回顧」、三二ページ）。女性の観客が本当に一人であったかはともかくも、本塁裏の特別観覧席に観覧券所持の女性のために「婦人席」を設ける特別待遇であったというから（「大阪朝日新聞」一九一五年八月一七日掲載の「豊中グランドの設備」）、女性の観衆は例外中の例外だったし、男性の観客も学生中心の限られた層であったようである。

それでも、第一回大会、第二回大会は予想以上の人気で、豊中グランドの設備では不十分となった。特に、敗者復活戦の関係上、試合数が増加し、これを五日間の日程で消化するには二つのグランドを必要とすることもあって、第三回から会場を箕面有馬電軌沿線の豊中グランドから阪神電鉄沿線の鳴尾球場に移すことになったのである。

鳴尾球場といっても、実際は埋立地に造成した競馬場の内庭にグランドを二つ設定した臨時の野球場であった。グランドには高い固定スタンドを造ることができず、大会会期中は移動スタンドをグランドの周囲に設置し観覧席とした程度であったが、二つのグランド合わせて二万人の収容能力で、豊中より大きく増加した。また、「学生あがりでない分別顔のファンも大分見え」と、観客層も広がった（中尾済「大会二六年の回顧」）。

大会の盛り上がりとともに、野球報道も活発化していくが、そのなかで大会の精神を具現化する野球美談が作られていったのである。たとえば、一九二〇年の第六回大会では、慶応普通部と松山商業の延長一六回戦がもてはやされ、さらに関西学院対鳥取中学の試合では、脚気のため走ることのできない鳥取中学捕手のために関西学院側は特別に本塁からの代走を認めることを申し出た。これを報じる「大阪朝日」は、「真に武夫《もののふ》の心根は武夫にして始めて知る、此の美しき挿話を伝へ聞いて人庶一種の感に打たれ胸固うなるの想ひに打たれたのであつた」と感涙にむせび、「悽愴の気場に満つ」という見出し記事で飾った。また決勝戦は関西学院と慶応普通部の対戦であったが、関西学院の投手は肋膜のため高熱に苦しみ、慶応の投手は延長一六回の疲労が抜けきれないままの登板であったが、「光景悲壮を極め場を囲繞する幾万の観衆中には両投手の心事を想うて、ひそかに同情の涙を濯ぐ」というように美化された。

選手はチームのために病をおして出場し、敢闘する。敵味方チーム、観衆もともにその悲壮な精神力に感激し涙する美談である。こうした美談は、その後も繰り返し語られていくことになるのである。

大会が、儀礼として完成度を増してくるにつれて、たんに武士道的野球というこことにとどまらず、大会をより社会的に大きな広がりをもった象徴的儀礼としてとらえようとする言説が顕著になってくる。第一に、「大阪朝日」が大会主催の社告で「武士道的精神を基調とする日本の野球」と称したことからうかがえるごとく、大会は、武士道的野球だけではなく、日本の文化・日本精神を象徴的に表現する儀礼であるとさえ唱えられたのである。昭和期になっての言葉であるが、飛田穂洲は、出場選手を「日本魂の行列」とまで表現している（飛田穂洲「日本魂の行列」『全国中等学校野球大会史』、一一二ページ）。

日本精神の象徴儀礼

先に引用した鎌田栄吉は野球は「尽忠報国等の愛国的大精神の淵源」であると主張していたが、チームのために自己を犠牲にして、チームの勝利に「敢闘」する選手は「日本魂」の精華を体現し、国家に忠良なる国民の理念的モデルとなるのである。

いうまでもなく、「武士道的精神」の中核を集団への「犠牲的精神」とみなすこと自体、相当無理な論法であろう。まして、武士道を日本文化の真髄ととらえることになると、いっそう強引な論法である。武士は日本人のごく一部の階層でしかなかったし、それが日本文化の中心であったかどうか疑問である。中学生の野球選手の大部分は、農民・商人階層出身者であったはずである。「犠牲的精神」や「敢闘精神」を武士道精神ととらえ、しかもそれを日本文化の精華とするのは、ひとつのフィクションである。しかし、それらが、けなげに敢闘する「純真」な中学野球選手の行動によって示されたとき、たんなる言葉の説明以上の説得力を持ちえたのである。

優勝劣敗の世界

第二には、優勝劣敗の大会は、世界の縮図であるとされた。第一回大会開催当日の「大阪朝日」社説は、体力・知力さらには「協同的努力」の発達を野球の効用として挙げたうえで、「野球位の激運動に堪ふる体力を一般国民が備ふるにあらざれば、以て将来の激烈なる列国競争場裡の勝者たるべからず」と主張している。各地方大会を勝ち抜き、全国優勝野球大会において最終的「勝者」となるというトーナメント方式は、「激烈なる列国競争場裡」の世界の「勝者」となるための「国民元気の養成」の場であり、全国優勝野球大会は優勝劣敗の「列国競争場裡」の世界の象徴的縮図であったのである。

近代の日本では、世界は優勝劣敗の競争であると説明されてきた。それ以前の農民にとっては、相互扶助あるいは横並び的ムラ秩序のほうが、中心的世界観であったろう。しかし、近代の社会は、個人レベル―集団レベルで競争を作り出し、優れた者が勝ち残り、劣った者・怠けた者が敗れ去るシステムとして編成され、また世界はこうしたものだといいきかせていくのである。その集約的制度が、学校教育である。成績順位、受験による上級学校への進学という学校教育制度それ自体が優勝劣敗の制度化であり、生徒は体験的に優勝劣敗原理を学んでいく、同時に教師と教科内容によって優勝劣敗こそ世界の原理であり、それに適応し、勝ち残り立身出世していくべきことを教え込まれていくのである。

個人や集団レベルだけでなく、国際社会も優勝劣敗の世界として説明されていた。かつての野球害毒論争において野球弁護論を展開した天狗倶楽部の押川春浪の描く冒険小説の世界は、まさに弱肉強食の国際政治に活躍する「腕力主義」の日本男児の冒険談であった。「大阪朝日新聞」は社説や記事では、それほど単純な国際政治観で報道しているわけではないが、その主催するイベントである全国優勝大会は、大規模かつ単純明快に優勝劣敗の原理を組織化し、「列国競争場裡」の国際世界の凝縮した縮図として提示したのである。観衆は、大会において世界を貫く原理を体験し、選手と応援団に横溢する「国民の元気」を体感するのである。

このようにして、全国優勝野球大会は、「武士道的精神」というだけではなく、「列国競争場裡」の世界において列強と対峙する日本国家への自己犠牲的忠誠の象徴的儀礼となったのである。中学野球選手を真剣勝負に赴く武士になぞらえる比喩は、選手の気力を奮い立たせたし、選手の無私とひたむきさは、日常生活ではまったく見られないものであるだけに多数の観衆を感動させたのである。そうした野球大会は、いわば国家主義の身体文化であった。前述のとおり、一高野球も国家主義の身体文化という性格をもっていたが、それがエリート的国家主義であるとすれば、中等学校野球はより大衆的な国家主義と言えよう。

大会過熱のディレンマ

「大阪朝日」は、大会を組織化しただけでなく、武士道野球の言説によって大会を肉づけしていった。そこでは、明治末期以来の野球の普及拡大によって生じていたさまざまな弊害に対して、「凡てを正しく、模範的に」造形していこうとしたのである。

しかし、大会がしだいに人気が高まり、隆盛に向かっていくなかで、いくら禁欲主義的な武士道野球の枠のなかで「正しく、模範的に」しようとしても、それにおさまりきれない問題が生じてこざるをえなかった。最もデリケートな問題は、大会があたえる報酬である。大会は、参加者に一定の報酬を提供していくシステムであるし、また参加者も当然のことながら報酬がなければ参加意欲はたかまってこない。しかし、どのような報酬を提供するかは、大会の基本原則にかかわる問題である。主催者である朝日新聞社は、報酬のあり方にきわめて注意をはらっていた。

一般的に報酬は、自己満足的な心的な報酬、名誉といった社会的報酬、金銭等の物質的な報酬に分けることができよう。自分の持っている価値の実現に満足を与えられる心的な報酬は、最も基本的な報酬であり、それがなければ始まらない。野球大会は、参加者に身体的快感、自己の信ずる敢闘精神の発揮など心的報酬を与えていたし、参加選手も大いにそうした報酬を享受していたはずである。武士道野球を狭くとれば、他人の評価などにとらわれない無私、無償の行為として自己満足的心的報酬で終わるといってもよいだろう。

しかし、マスメディアイベントとしての野球大会は、大きな社会的報酬、あるいは物質的な報酬を与えうる機会であった。大阪朝日新聞社は、武士道野球の理念からして物質的報酬を厳しく排除しようとした。第一回大会では、第一回戦に勝ったチームの選手全員に万年筆、優勝チームには朝日新聞社長村山龍平からスタンダード大辞典一冊、箕面有馬電鉄社長平賀敏から図書切手五〇円、優勝チームの選手個人には村山社長から腕時計、出場各チームから選ばれた優秀選手にも個人賞を出すというふうに、それぞれ豪華な賞品を贈呈した。だが、大会直後に「その非なる所以《ゆえん》に心付き」、第二回大会以降は、メダルと

「大阪名物粟おこし一罐」ずつ贈るだけとし副賞品や記念品は一切出さないことに改めた。また、個人を表彰することも「野球の真精神に悖《もと》る」というので廃止とした（前掲「十四年間の回顧」、九ページ）という。

しかし、社会的報酬となると、きわめてデリケートな問題であった。各地の優勝チームが集まって全国大会を開催し、優勝チームを決定し、選手各人が自己の技量を試したことに自己満足するというだけでは、全国優勝野球大会は成立しない。優勝者が最大限に賞賛され、名誉が与えられるという報酬があってはじめて全国優勝野球大会は社会的なイベントとして成立するのである。物質的な報酬を否定した朝日新聞社も、社会的報酬は積極的に肯定し、大会を参加者に大きな社会的報酬を与えるものとして構成していった。前に述べた「皇国織」の燦然たる優勝旗は、全国優勝に桂冠される名誉の象徴である。それ以上に、紙面をあげて報じられ賞賛される各校チームの敢闘振りは各校・各選手にとって大きな名誉であった。朝日新聞社としては、大会参加チーム、優勝チームに与えられる名誉という報酬は、武士道精神と反するとは考えていなかったのである。

しかし、大会の与える社会的報酬としての名誉は、厄介な問題を含んでいた。社会的報酬としての名誉は、それだけで参加者を鼓舞し、大会参加意欲をかき立てるが、それ以上に、大会で得た名誉は、さまざまな派生的効果を産みだしていくことになった。たんに賞賛の名誉を得るだけでなく、有名になり、名声を得ることの波及効果は大きい。名声を得た選手は、私大等への進学を優遇されることも起こったとされるし、中学校にとっては大会優勝あるいは好成績によって有名となることは、さまざまな社会的実益をもたらすことになるのである。

参加者にとっては、こうした派生的利益のほうが、大きな意味を持ってくる。そして、派生的利益に期待して大会優勝を目指すということも起きてくるのである。そこでは、勝利至上主義は、ますます過熱する。チーム強化をはかり、猛練習が繰り返されることになるが、もっと手っ取り早くチームを強化しようとする学校が出てくるのも必然的であろう。そこで問題となってくるのが、前章で指摘した野球を取りまく社会的ルールの不在である。そもそもグランド内で行なわれる野球そのもののルールも、当初は不明確なところがあり、第一回大会終了後、大阪朝日新聞社和田信夫によって邦文野球規則の編纂が企てられ、この年の秋に入社した橋戸信を中心に野球審判協会が組織された。この協会の審議を経て、明確で統一された野球ルールがまとめられた。しかし、グランドの外の社会的ルールとなると問題は複雑であり、そう簡単にルールを作ることはできない。

特に問題となったのが、選手資格である。主催者である大阪朝日新聞社としても、その点は十分に注意をはらい、第二回大会「試合規則」では、「参加チームは在校生徒に限る」ことを明記し、違反事実発覚の場合は直ちに試合中止とチーム除外を定めている（「大阪朝日」一九一六年八月一六日付録）。

それでも、第六回大会では、前年の東京四大学リーグ戦で法政大学の投手として活躍した選手が、中学生として登録し出場するという実例さえ生じている。この大会の後評でも、大会委員は「動《やや》もすれば選手の学業品性を無視し唯《ただ》本大会の選手権を獲る事にのみ没頭するやうな傾向が見え初めた」と一部学校を強く批判している（「大阪朝日」一九二〇年八月二一日）。このため第八回大会（一九二二年）では、さらに資格を厳格にし「その年の三月に進級しなかつたもの、及び転校編入後満二学期を経過せざる生徒」の出場を認めないこととした（『全国中等学校野球大会史』、四六ページ）。

このように規制を強め、禁欲を要求したとしても、大阪朝日新聞社の作り出した全国優勝野球大会は、参加校の熱度をあげていくピラミッド・システムであるし、また大阪朝日新聞社が主催者として大会を盛り上げる旗振り役を果たしているのであるから、大会が過熱していくのは避けられないところであった。禁欲主義を説いたところで、「大阪朝日新聞」の大規模な大会報道は、否応なくチームの名声を高めていく。

さらに「凡てを正しく、模範的に」という規制が行き過ぎて中学生や学校の野球熱を冷却してしまったのでは何にもならない。むしろ、イベントとして大会を成功させるためには、野球熱をいっそう加熱させていくことが必要であった。しかも、それまでのごとく学校や野球少年の熱中だけではなく、試合を見に来る一般観衆を作り出し、観衆の興奮を高めること、時には大会の熱狂が「正しく、模範的に」という規範から溢れ出るほど白熱することがイベントの成功であった。

そこには大きなディレンマがあったのである。大阪朝日新聞社は、片方でスピードアップしながら、片方でブレーキをかけていかなければならなかった。

大衆娯楽としての甲子園野球

「民衆娯楽」の成立

娯楽としての野球

朝日新聞社の主催する全国中等学校優勝野球大会は、一九二〇年代に入って質量ともにますます大きなイベントとなっていった。それは、まず球場に集まるチームと観衆の拡大であり、さらに新聞・雑誌・放送等のメディアによって試合を楽しむ膨大なファン層の出現である。

前にも述べたとおり、一九一七年の第三回大会から会場を阪神電鉄沿線の鳴尾球場に移し収容人員は約二万人に増加した。一九一八年の米騒動による開催中止はあったものの、大会の人気はうなぎのぼりであった。第六回大会（一九二〇年）第二日には、「球場を囲む白扇の波、傘の山は午前九時既に幾万、なほ続々として絶ゆべくもなく」（「大阪朝日」一

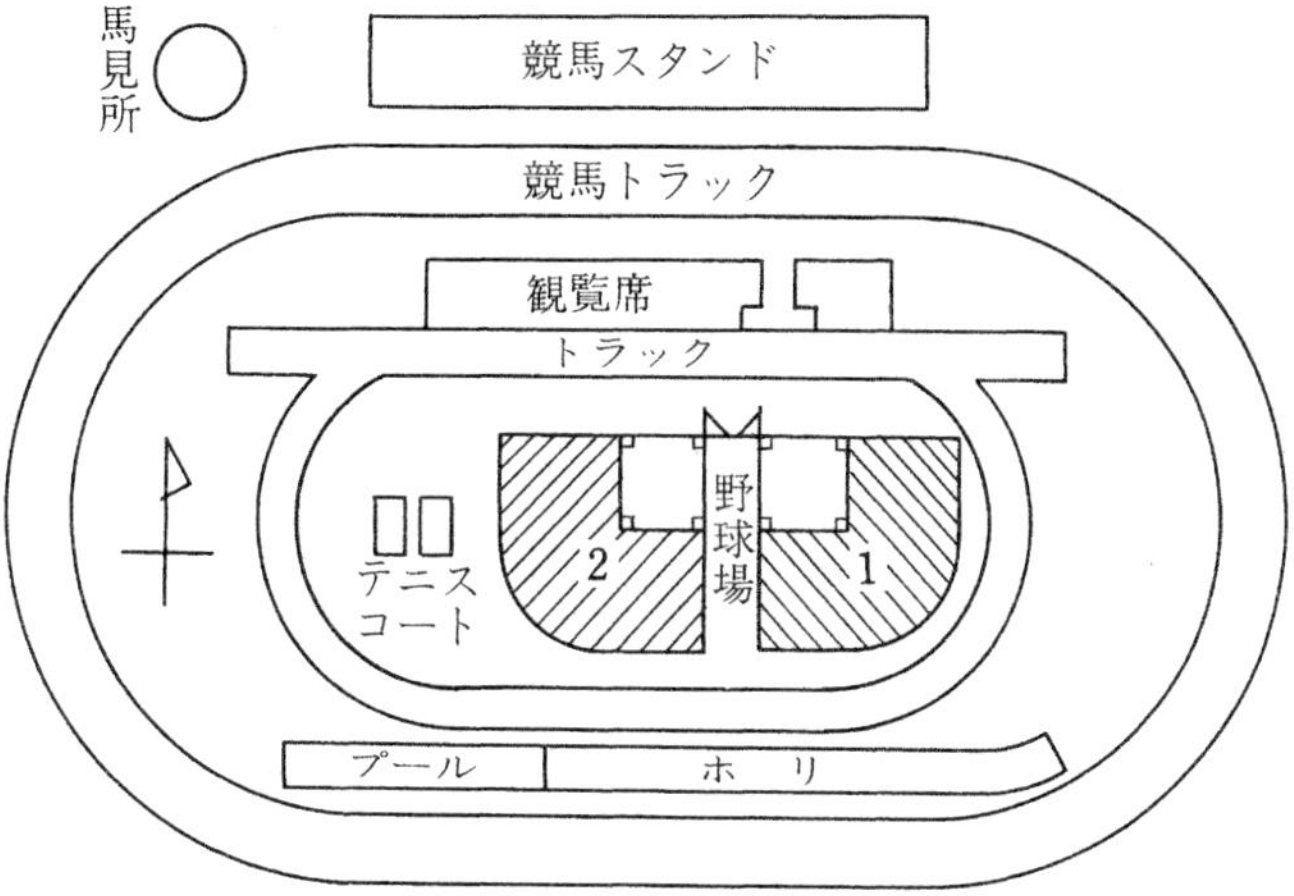

往時の鳴尾運動場図（『輸送奉仕の五十年』）

九二〇年八月一六日）という状況に達し、遂に「満員に就き入場不能」の掲示を、神戸、大阪をはじめ阪神沿線の駅に張り出さざるをえない盛況に達した。

さらに、一九二三年の第九回大会準決勝戦では、「早きは前夜九時頃から既に今日の戦場に夜を徹して時を待つの準備を整へて繰り込み、夜半から未明にかけては尼崎、西宮間の各町村に今日を待ち詫びて泊まり込んでゐるフアン幾千名陸続として徒歩でスタンド占領に赴くなど大会未曾有の人出となり、午前三時頃にはさしも広き観覧席も最早立錐の余地なき有様となつた」という（「大阪朝日」一九二三年八月二〇日）。また、この日は、大観衆の一部がグランドに溢れだし、一時試合中断のやむなきにいたった。

このように人気が高まったのは、「大阪朝日」が唱えてきた武士道野球が多くの人々のあいだに広く受け入れられ、そうした枠組みで感動を引き起こしたことがあるだろう。しかし、それと同時に、中学野球の大会が当時の言葉でいう「民衆娯楽」として楽しまれるようになったということでもある。一九二〇年代は、「民衆娯楽」がようやく社会的注目を集め、また実態としても膨張するようになった時代である。その大きな背景には、社会の産業化や都市化によって政治、文化等のさまざまな領域に「民衆」が登場する「民衆的傾向」（当時のジャーナリスト丸山幹治の言葉）が進んだことがある。そのなかで労働運動の高まり、国際的圧力などもあって、労働時間の短縮、休日休暇の増加などが遅ればせながら広まってきた。いうまでもなく、労働時間の短縮は余暇の増大であり、多様な「民衆娯楽」が台頭してくることになる。

ここでは、当時の「民衆娯楽」全般について述べることはできないが、大正中期の余暇に関する最も大規模で包括的な調査である大阪市社会部「余暇生活の研究」は、「あらゆる民衆文化建設に対する新聞社の活動は寔《まこと》に多とすべきである」と、新聞社の主催事業に注目している。同調査によれば、一九二一年大阪市内各新聞社が主催または後援した事業は、合計二七六。講演会・講習会・博覧会・野球・陸上競技・俳句会・音楽会・活動写真など多種多彩である。その開催日数五〇九日、参加人員四万六一三三人、総観聴衆人員二五四万三七一八人に達している（大阪市社会部調査課「余暇生活の研究」『生活古典叢書第八巻余暇生活の研究』光生館、一九七〇年、一七三ページ）。新聞社の作りだすイベントは、「民衆娯楽」として大きな意味をもつようになったのである。

なかでも、最大の事業は野球で、「余暇生活の研究」によれば、野球の観衆は新聞社主催事業の観衆全体の四割弱、約四五万に及び、「毎年行はるゝ選手権獲得の争覇戦の如き満都の熱狂せるファンをして唸らして居る」と述べている。

しかも、こうした野球観戦など娯楽は、私鉄会社の沿線開発と連動していた。前にも述べたとおり、そもそも最初の野球大会開催の企画は、箕面有馬電軌会社（のちの阪急電鉄）が自社経営の豊中グランドの利用策として大阪近郊の中学野球の大会開催案を朝日新聞社に持ち込んだことが一つのきっかけであったように、全国中等学校野球大会は、最初から私鉄の顧客誘致、沿線開発と結びついていたのである。

私鉄の沿線開発

豊中グランドでの大会開催が実現するや、箕面有馬電軌は、大会観覧電車を増発したほか、特製切符や割引の全線回遊券を発売するなどサービスに努め観客増加をはかっていったし、また豊中から鳴尾への会場移転には、箕面有馬電軌と競争関係にあった阪神電車の誘致策があった。先の大阪市社会部調査によれば、梅田から鳴尾と香櫨園までの乗客数は通常の月が五万前後であるのに比し、八月は約一二万五〇〇〇に達し、約二倍以上になっている。この結果を、同調査は、鳴尾のグランドと香櫨園の海水浴場のためであると分析している。野球大会の人気は、私鉄の乗客増加をもたらしていたのである。

無論、それは、たんに大会期間中の乗客増加だけの問題ではない。大正期、私鉄各社は、沿線に住宅地を開発していくとともに、娯楽施設やターミナルデパートを作り、住民の生活の多様なニーズに応える施設やサービスを提供していくなど都市住民の新しい生活様式の演出者の役割を果たしていた。阪急電鉄は、一九二四年、四〇〇〇人収容の宝塚大劇場を完成させ、また同じ年には宝塚ルナパークを開業するなど、積極的に沿線娯楽施設の開発を進め、一九二五年には日本最初のターミナルデパートともいえる直営マーケットを梅田に開業している。

沿線での住宅開発を進める阪神電鉄も新住民のためにきめ細かいサービスにつとめ、たとえば一九一六年から「新聞電車」「電車郵便」を運行した。「新聞電車」というのは、阪神沿線の各家庭に新聞の大阪市内最終版を朝早く届けられるように新聞社とタイアップして深夜に運行した特別電車、「電車郵便」というのは、沿線の主な駅にはポストを設置したうえ、大阪、神戸の両郵便局から二時間ごとに集配人を電車に乗り込ませ、集配にあたらせるサービスであった。また、健康で文化的な郊外住宅をPRし、家庭に読み物と娯楽を提供するため月刊誌『郊外生活』を一九一四年に刊行している。

中学野球の観戦も、この時期形成されつつあった生活文化の中の娯楽として位置づけられ、またそれによって、学生上がりの野球マニアの枠を越えて幅広い観客を吸収することになったのである。

甲子園球場の建設

一九二三年、阪神電鉄は、競馬場の内庭に臨時に作った鳴尾球場よりはるかに大規模で本格的な野球場の建設に踏み切ることになった。その直接の契機は、一九二三年の大会で大観衆があふれ、試合中断となるような事態になったことである。用地となったのは、武庫川の改修工事によって廃川地となったもとの枝川の土地で、一九二二年に阪神電鉄が住宅地や大運動場施設建設の構想のもとに兵庫県から買収しておいたものである。一一月に建設委員会が成立し、翌年八月一日には竣工式をあげたから相当の突貫工事である。最初は、こぢんまりした球場というつもりだったが、アメリカの球場の例などを参考にしているうちに、どうせ造るなら大規模なものにと計画がふくらんでいったのだという。

完成した一九二四年が甲子《きのえね》の年にあたったことから甲子園と名付けられたこの球場は、収容人員約六万人、猛暑の夏に大会を行なうことを考慮して内野には大鉄傘を設置するなど空前の規模と設備を誇り、「東洋一」と称した。第一期の建設費一〇〇万円、全体の完成には一五、六〇万円かかったという。ただし、開設当時はスタンドがあるのは内野席だけで、外野席は土塁であった。一九二九年にはアルプススタンドを拡充し、一九三六年に外野席も五〇段のスタンドに改装し、現在のような大球場となったのである。

開設当時の甲子園球場　―大正13（1924）年8月―
（『輸送奉仕の五十年』）

しかも、阪神電鉄は、阪神球場を中学野球のためだけに建設したのではない。甲子園球場は、最初からラグビー、陸上競技など多目的に利用することを考えていたし、野球場建設だけでなく、隣接してテニスコート、浜甲子園プール、南運動場などのスポーツ施設を次々に建設し、付近一帯を大スポーツセンターに作り上げたのである。さらに川床一帯を買収整地し、南甲子園住宅地として開発を進めた。また一九三〇年には上甲子園の一角に甲子園ホテルを建設している（阪神電気鉄道株式会社『輸送奉仕の五十年』、一九五五年）。甲子園ホテルは、アメリカの建築家ライトの影響を受けた建築で、松林のなかの瀟洒なホテルとして阪神間の社交の中心となったという。これをもってしても、甲子園球場建設が、私鉄会社の積極的で多面的な沿線開発の一環であり、また野球そのものも、そこに生まれる中産階級の娯楽の一環として膨張していったことを示している。

この大球場が、はたして満員になるかと危ぶむ意見もあったが、甲子園での開催を機に中学野球の人気はいっそう高揚した。早くも第一三回（一九二七年）の第四日、第五日には内野のスタンドはほぼ満員、外野席もまったく身動きとれない満員となり、「我が国野球界のレコード破り」と称された。また、第五日に出場する地元チームの試合を好位置で見るために前日の夜からスタンドを占領して徹夜するファンが数千人に達した（『アサヒスポーツ』第二巻第一七号)。しかも、この人気は翌年の第一四回大会ではいっそう高まり、大会七日目には来場者七万五〇〇〇人にのぼり、入場できない者が球場周辺にあふれる有り様となった。「一つの競技にこれだけの来観者を迎へた事は我が運動界空前の事で、来観者の新記録が作られたわけである」と特筆されている(『アサヒスポーツ』第三巻第一九号)。観衆の規模だけみても初期からみれば一〇〇倍以上にもなったのである。しかも、会場変更を機に観衆の層も「老若の男子は勿論多数の婦人までが押しかける」ようになったといわれるように大きく広がった(前掲中尾濟「大会二六年の回顧」)。

メディアによる大会膨張

このように大会に来場する観衆は増加し、大会はますます盛り上がっていった。しかも、それを跳躍台にして球場の観衆以上に急速に膨張していったのが、新聞、ラジオ、映画などのメディアを媒介にして試合を楽しむ間接的観衆である。もともと甲子園の野球大会は、メディアによって報道するために作られたイベントなのであるから、メディアによる間接的観衆が増大していくのは当然といえば当然なのであるが、この時期、新聞の報道が活発化しただけでなく、メディアが多様化してきたのである。

当初は、会場が大阪であり、しかも「大阪朝日」の主催事業であることから、同じ朝日新聞社でも「東京朝日」の報道記事は少なかったが、大正末期ごろからはしだいに増加していった。さらに、地方の新聞でも地元チームを中心に大会記事は増加していった。

大会への人気が高まれば、当然、試合経過を一刻も早く知りたいという要求は高まってくる。「大阪朝日」は試合結果をいち早く知らせる号外を発行するなどしていたが、第一二回大会（一九二六年）では、中之島公園、京都円山公園にプレヨグラフと称する速報施設を設置した。プレヨグラフというのは、電話で知らせてくる試合の経過をグランドに模した盤面上に図示し芝居気たっぷりの説明をつけるもので、大人気を博し中之島公園の広場は群衆で埋まり、「プレヨファン」という言葉も生まれたほどである。試合の速報への関心は無論だが、それ自体が、一種の芸能として楽しまれたのであろう。また出場校の地元など各地方でも速報の要望は高まり、大阪本社から各地通信部、販売店への電報電話で経過結果を速報したが、その代金が四〇〇〇円にも達したという。

また、朝日新聞社は、活字以外のメディアにも注目し、大会の記録映画を撮影し、上映会を開催していった。たとえば、第一二回大会では、中之島公園の納涼博と天王寺公園の衛生博で入場式や試合の映画を上映している。各地通信部も、地元出場校の試合を中心にした活動写真大会を開催するなど、映画は盛んに利用された。

ラジオ放送中継と全国的拡大

ラジオ中継の開始

甲子園野球の大衆娯楽化にとって、第一三回大会（一九二七年）からラジオが試合の実況中継放送を開始したことは、画期的なことであった。日本のラジオ放送は、一九二五（大正一四）年に東京、大阪、名古屋にそれぞれ独立した社団法人の放送局が成立し開始された。しかし、翌年に逓信省が強力な指導力を発揮して三つの放送局を合同させ社団法人日本放送協会を設立させた。政府としては、ラジオという新しいメディアを一元的に管理し、国策のメディアとしていこうとしたのである。

ラジオというメディアは、それまでの活字のメディアとはまったく異なる新しい可能性をもっている。その最も重要な特性は現にいま起きている事件を現場から実況中継できるということである。ニュースの同時性である。これは、活字メディアがいかに速報性に力を入れてもとうていかなうものではない。実況中継は、さまざまな行事会場や劇場から試みられたが、なかでもスポーツ中継は同時性が最も発揮される番組であった。

大阪中央放送局（ＪＯＢＫ）は、いち早く甲子園野球大会に注目し、一九二六年に甲子園球場からの実況中継を計画した。しかし、この時は、阪神電鉄がラジオ中継されてしまえば、野球を見に来る人がなくなるといって拒否したため実況中継は実現しなかった（日本放送協会『放送五十年史』日本放送出版協会、一九七七年、五四ページ）。だが、午前一〇回、午後一一回の特別放送を行ない、特に夕刊発行後の試合は、五分ごとに途中経過と結果を放送した（「大阪朝日新聞」一九二六年八月一二日）。活字メディアでは実現できない速報性が、早くも発揮されたのである。

翌一九二七（昭和二）年の第一三回大会からは、「甲子園球場の戦況が手にとる如く聴ける」実況中継がようやく実現した。ただし、放送施設・技術ともまだ未熟な段階であっただけに、大阪中央放送局は、現場からの送信と上本町放送所の受信の施設など技術面に慎重な準備を整え、ようやく実現したという（大阪中央放送局放送部「野球放送創始記録」

南博責任編集『近代庶民生活誌』第八巻、三一書房、一九八八年、所収)。

日本放送協会関西支部『昭和二年度事業報告関係綴』は、「八月十三日ヨリ八日間甲子園ニ於ケル朝日新聞社主催全国中等学校野球大会試合実況ノ無線中継放送ヲ行フ、刻々ニ緊張スル白熱的戦況ノ速報ニ加フルニ大鉄傘ヲ揺ガス応援ノ叫声、観衆ノ大歓呼等鮮カニ放送サレ聴取者ヲシテ大会状況ヲ彷彿タラシム、本邦ニ於ケル野球中継ハ之ヲ以テ嚆矢トナス」と、その実績を誇っている(『放送五十年・資料編』、二七六ページ)。

アナウンサーの苦心

技術面とともに難問は、目の前で進行している野球試合をアナウンサーが的確かつエキサイティングに描写できるかであった。実況中継の経験自体乏しいうえに、用語や放送形式も固まっておらず、放送局では朝日新聞社と慎重に協議したり、当時アメリカから帰国したばかりの朝日新聞運動部記者からアメリカのラジオ中継について講演を頼むなどいろいろ苦心したようである。最初の実況中継を担当した魚住忠アナウンサーは、市岡中学時代に大会参加の経験があったことを買われて起用されたという。

またもう一つの難問は、検閲制度であった。言論や思想の取締りについては内務省の管轄であったが、放送は逓信省の管掌事項とされ、放送番組は逓信省の厳しい検閲のもとにおかれていた。一九二五年に出された「放送事項取締りに関する電務局長通達」では、「安寧秩序ヲ害シ又ハ風俗ヲ乱ス事項」など広範囲な放送禁止事項を定めている。しかも、放送の場合、そのメディア特性からしても事後的な取締りがほとんど意味をなさないために、事前の検閲と放送中の検閲が実施されることになっていた。ラジオドラマなどのようにあらかじめ台本が作られるものはもちろん、観兵式のような儀式の中継でも台本を用意して、逓信省の事前検閲を受けなければならなかった。音楽、講談などのように内容の細部まで事前にチェックできないものも、梗概と出演者経歴等を提出して許可を得ていたのである。

放送中にも逓信省係官が放送内容を監視し、禁止事項を犯したと判断すれば、ただちに放送を遮断する権限をもっていた。これは、実況中継の現場でも行なわれ、実況中継をするアナウンサーのデスクには、必ず逓信省の監督官が同席することになっていた（『放送五十年』、三三ページ）。甲子園大会の中継においても、大阪逓信省の係官がつねに遮断器をたずさえて同席し、放送内容を監視していたという（橋本一夫『日本スポーツ放送史』大修館、一九九二年、二〇ページ）。

ラジオ放送は、その場で消えてしまうものであるし、録音技術が未発達の当時の状況では、残念ながら放送内容の記録は残らない。しかし、初期の実況中継の様子を伝える速記の一部が残っていて、非常に貴重な資料である（前掲『近代庶民生活誌』第八巻）。これは準決勝松本商業対広陵中学の延長戦の放送で、神戸の彫塑家熊沢氏が東京に住む弟で芸術写真家の麿二氏に通信したものだという。それによれば、

プレーボール〜〜〜〜
〜〜〜ソラ〜〜〜〜ストライキワン
ソラ………ボール、ワン・エンド・ワン
ソラ投げる………ファウル、ツウ・エンド・ワン
〜〜〜ピーゴロ〜〜ファスト・アウト
（〜は観衆のどよめき、…は応援の声援）

といった調子で、現在からすると「ソラ」とか「サア」とかの奇妙なかけ声の入った間延びした中継という感じである。また、描写そのものは、試合の進行をそのまま伝えているだけで、アナウンサーの感想や解説はまったく語られていない。それでも、いま行なわれている試合が同時に放送され、しかも先に引用した『事業報告』が誇るように、球場をゆるがす観衆のどよめき、応援団の大歓声などが伝わってくるのであるから聴くものの興奮

を大いにかき立てたことだろう。

ラジオ中継の始まった年は、大阪だけのローカル放送であったが、翌一九二八年には東京中央放送局（ＪＯＡＫ）が大阪局の中継とは別に、松内則三アナウンサーを甲子園球場に派遣し、独自の中継を行なった。東京中央放送局での、野球実況中継の最初は、一九二七年八月二四日に神宮球場で行なわれた一高三高の対抗試合であるとされるので、東京としては大阪放送局に対抗しようとする意図があったのかもしれない。ただ、この時期は、まだ東京と大阪の中継網ができていなかったため、松内アナウンサーの中継放送は、球場から超短波送信機で東京に送られ、東京局ではこれを中波で放送して東京一円のファンの期待にこたえたのである。

全国中継網とラジオ放送

一九二八（昭和三）年一一月、ラジオ放送の全国中継網が完成した。これによって、一九二九年の大会からは全国中継網にのって、全国各地の多数のファンが甲子園の大会実況放送を同時に楽しめるようになったのである。もともと全国中継網は、一九二八年一一月六日から二六日にかけて挙行された昭和天皇の即位式（大礼）を全国民に聴かせるために急いだのである。天皇の即位式という国家的イベントをラジオメディアによって国民に共時的に体験させようとする国家政策である。

結果的に、甲子園野球は、天皇の即位式中継によって国民の一体感を醸成するために整備された全国中継網にのることによって、広大な空間に散在する人々を同時に甲子園の大会に結びつけることになった。当時人気だった東京六大学野球も全国中継網にのって実況中継されたが、全国各地の代表チームが出場する甲子園大会ほど全国中継網による実況中継に注目が集まった番組はなかったろう。それは、天皇の即位式が作る一体感と共鳴しあうナショナリズムの形成といえる。

そして、阪神電鉄の心配とは裏腹に、実況中継によって球場に観戦にいく人は減るどころか、かえって野球人気を一段と高めることになったことはいうまでもない。ラジオは、野球ファンを量的に拡大しただけではなく、年齢・職業等の幅を広げ、家庭で楽しむ娯楽としていったのである。その点は、放送局も十分意識しており、たとえば松内アナウンサーは、野球放送の苦心を次のように述べている。家庭の子供や婦人・老人に標準をおいて放送すると、「高級な野球ファン」にはうけないというディレンマが生じるが、「私はしかく標準と云ふものを非常に低く採りまして成可くどんな方にも聴いて頂く、それから非常に高級な野球ファンの方は已むを得ず素人臭い放送を我慢して聴いて頂く、是れがまづ放送局として採る一番妥当な標準ではないかと思ひます」（松内則三「放送の苦心」『ベースボール』一九三〇年一一月号)。ラジオ放送は、実際に甲子園に足をはこぶことはない子供や婦人・老人にまで野球を楽しむ機会をつくっていったのである。

ラジオの作る感動

ラジオ実況中継は、ただたんに試合の経過結果を伝えるだけではない。球場の熱気と興奮を電波に乗せて伝えていく。いやむしろ、球場とは別の新たな興奮を作り出していくといったほうがよいのかもしれない。ラジオアナウンサーの高潮した声は球場の熱気を増幅して伝えるが、それをかたずをのんで聴く聴取者は、全神経を耳に集中しているだけにかえって球場の興奮と感動が純粋結晶され、球場以上の興奮にうち震えることもあるのである。「ラヂオのあるところ到るところにけふの甲子園球場が浮かび出た」などといわれたが(『大阪朝日新聞』一九二七年八月一四日)、聴取者はラジオを通して甲子園の熱気を想像し、それに感動したのである。

先の魚住アナウンサーの放送は、クールに試合を伝えるスタイルだが、松内アナウンサーになると自分の実感や熱気をこめるスタイルであった。松内自身、野球放送を開始した当座は球場の興奮は高まっても、自分は報道者として冷静に放送しようとしていたが、それは結局間違いであると悟った。「試合が矢張り高潮に達しエキサイトされた時にはアナウンサーも矢張り自分がエキサイトされた実感其儘《そのまま》を放送する、それが本当ではないかと思ふ」と主張し、「私はさう云ふ場合に場内の空気の高潮に乗じ過ぎ、エキサイトの度が過ぎて、走り過ぎますが、先づその辺は聴取者に御了承願へるだらうと思ひます」と自分の放送が度を越してエキサイトすることを自認していた（前掲「放送の苦心」）。甲子園野球中継の記録はほとんどないため、どちらのスタイルが主流であったか確認はできないが、松内則三が人気アナウンサーになっていったことなどからすると、松内のスタイルが多数派であったと考えられる。

ラジオの実況中継を聴くことは、球場に行って観戦することの代替ではなく、それ自体が独自の大きな楽しみであったのである。しかも、それを楽しむのは、球場の観衆より、はるかに多数で広範な聴衆である。

選抜野球大会開催と朝日・毎日の対抗

こうした状況において、一九二〇年代の中学野球熱を一段と加熱することになったのは、大阪毎日新聞社が春に選抜野球大会の開催を始めたことである。当時の二大新聞社が、出場校の選抜方式の違いこそあれ、全国規模の中学野球大会を開催することになり、両社の競争が中学野球熱をいっそう煽ることになったのである。

選抜野球大会の開始

全国選抜中等学校野球大会は、大阪毎日新聞社名古屋支局の主催事業として、一九二四(大正一三)年四月一日、名古屋山本球場で第一回が開催されたものである。わざわざ名古屋で全国大会を開催する理由について「従来大阪附近学校の優勝率が多いのは風土の関係にありとの説を試験せんが為と、及び中京ファンの希望黙視し難き為」であると社告しているが（「大阪毎日新聞」一九二四年三月一五日掲載社告）、折から名古屋進出をはかろうとしていた大阪毎日新聞社の経営戦略の一環であったことは明らかである。愛知県は「新愛知」「名古屋新聞」の地元紙が強固な地盤を築いており、朝日・毎日といえども容易に食い込むことができなかった。そこに地元で人気の高い中学野球の大会を開催し、しかも全国の優秀チームを一堂に集めてみせるというのは、大阪毎日新聞社の力量を誇示するイベントであったのである。

しかし、大会は、翌年の第二回以降、甲子園球場に会場を移されることになった。これは、「大阪毎日新聞」一万五千号記念事業の一環に野球大会を組み込むためであった。「大阪毎日新聞」一万五千号記念事業は、天王寺と大阪城の二会場を設けた大大阪記念博覧会の開催など、大阪毎日新聞社としては未曾有の大事業であった。博覧会と併わせて、前年に完成した甲子園で野球大会を開催し、全体としてイベントを盛り上げるのが、大阪毎日新聞社の戦略であったのである。

大阪毎日新聞社のイベント戦略

もともと大阪毎日新聞社も、イベントを重要な経営戦略としてきた。明治初期からさまざまな義捐金《ぎえんきん》募集や人気投票を催したが、特に明治中期からは桐原捨三営業主任のもとで次々と奇抜な事業企画を案出し、部数拡張に利用したのである。それは、「桐原式」と称されて新聞業界の話題をさらったほどである。スポーツイベントにも力を入れたが、なかでもユニークなのは一九〇六年に浜寺と打出に海水浴場を開設し水泳練習所を設けたことである。その他、全国中等学校フットボール大会（一九一八年）、毎日庭球選手権大会（一九一九年）などさまざまな大会を主催していた。

このような事業企画を組織的に推進するため、一九二〇年六月一日には、大阪本社に事業部を新設している。事業部は、「講演、活動写真、運動競技其他本社の発展に資する事業を管掌」することとされ、それまで事業にあたっていた編集局の講演課、社会部運動課、販売部活動写真班などを事業部に一本化したのである（『毎日新聞百年史』、五四六ページ）。これは、新聞社に事業企画を専門に扱うセクションが作られた早い事例であるし、編集・販売などが結びついて事業企画を進めようとしていたことがうかがえる。

野球がらみの事業としては、一九二〇（大正九）年に社員の野球チーム「大毎野球団」

を結成したことが注目される。これは、大学野球部出身の有名選手を多く集めた一種の実業団チームで、大学チームと対戦したり、アメリカまで遠征するなど一時はかなり派手に活動した。しかし、プロともアマチュアともつかないあいまいな性格を脱しきれず、相手チームに恵まれないこともあって一九二九年に解散せざるをえないことになった。大阪毎日新聞社としては、野球の人気をイベント戦略に利用しようとしながら、なかなか方向がつかめなかったのである。

選抜野球大会の独自性

大阪毎日新聞社は、中学野球そのものがすでに一定の体系をもって成立しているところに新規参入したのであるから、毎日新聞社はそれを改変することはできなかった。基本的に、すでに成立していた武士道的野球観を受け継いでいくことになった。選抜の重視する「品位」といったことも、すでにあった精神の一部を強調したにすぎない。

ただし、朝日新聞社主催の全国大会との差異化をはからねばならない。そこでとられたのが、主催者による選抜という方式であるが、第一回では「過去一年間の成績及びその他の理由」というきわめて便宜的なものであったが、第二回では、有力野球倶楽部の推薦、選抜委員の投票などによる選抜を打ち出し、以後しだいに選抜方法も整えていった。

ともかく朝日新聞社と毎日新聞社という互いにしのぎをけずる両新聞社が二つの中学野球の全国大会を開催するようになったことは、中学野球をいっそう過熱していくことになった。そこに出現しているのは、新聞社が演出する純真な中学生が演ずる武士道野球に感動し、国民の共有すべき価値を再確認する観衆であるが、同時に、その巨大な規模の観衆は、今まで述べてきたことからも分かるとおり、一九二〇年代の初期的大衆社会状況の一つの表れであったのである。そして、その観衆は武士道野球に感動するという枠におさまらず、娯楽として野球を楽しむ存在でもあった。全国優勝野球大会は、大規模化するとともに、大衆娯楽的性格を強く持つようになったのである。こうした甲子園野球の大規模化は、主催する新聞社からすればマスメディアイベントとしての成功である。しかし、大会膨張のエネルギーとなっている武士道野球と大衆娯楽野球は、主催新聞社にとって両立のきわめて難しい難問となっていく。大会が膨張すればするほど、そのディレンマは困難な問題になってくるのである。

甲子園野球の過熱と野球統制令

朝日・毎日競争と過熱

朝日・毎日の経営拡大

夏と春の甲子園野球大会を競って主催することになった朝日新聞社と大阪毎日新聞社は、経営的にも激しく競争しながら、大正末期から昭和初期にかけて飛躍的な拡大を実現していった。一九一八年に大阪毎日新聞社が資本金一二〇万円、一九一九年に朝日新聞社が資本金一五〇万円の株式会社に改組したことは両社が企業的新聞社としての基盤を固めたことを端的に示している。その後、朝日・毎日両社とも短期間に倍額増資を繰り返し、毎日新聞社の場合は一九二八年には資本金一〇〇〇万円になり一〇年間で資本金を約一〇倍近く増加させているし、朝日新聞社の場合は村山・上野の両家が株式のほとんどを所有しているため増資のペースがやや遅いが、それでも一九二九年に資本金六〇〇万円となり四倍に増加させている。この時期、両社がいかに急成長を遂げたかが一目瞭然である。

詳細な経営データが判明している大阪朝日新聞社の例では、一九一五年約二四万部であった販売部数は、急角度で上昇し、一九二四年には約六九万部、一九三〇年には約九八万部に達している。一九二四年元旦に一〇〇万部突破と当時大々的に宣伝したのは、大げさであるが、それでも一五年間に四倍以上の拡大を遂げたのであるから飛躍的な部数増加を実現したのである。

一方、広告収入も大きく伸びた。一九一九年下半期には、広告収入が総収入の約五一％に達するまでになった。広告収入が総収入の半分を超えるというのは、第一次世界大戦の好景気の産物ではあったが、それ以後も広告収入は販売収入とほぼ匹敵する安定した収入源となり、新聞経営を支える二本柱となったのである。

広告収入が安定した収入源となったことによって経営の構造が大きく変わった。広告収入を基盤にして、購読料を値下げする戦略がとられたのである。朝日・毎日両社は、一九二二（大正一一）年には月極一円二〇銭を一円に、さらに一九三〇（昭和五）年には一円を九〇銭に値下げした。これは、直接的には用紙代の値下がりなどを理由としているが、安定した広告収入の支えがあったことは間違いない。そして、購読料を値下げすれば、当然発行部数は増加し、販売収入も増加する。さらに広告媒体評価も高まり、広告収入も増加していくというらせん階段的好循環が働いていったのである。この時期に販売収入と広告収入をほぼ均等な収入源としていく日本の新聞社特有の経営構造ができあがった。

実際、安定した経営構造によって、朝日新聞社の総収入は大きく増加し、株式会社第二回会計年度の一九一九年下半期約三二六万円であったのが、第二〇回の一九二八年下半期は約八五四万円と、二・五倍の急成長である（前掲『近代日本の新聞広告と経営』第三章および資料編参照）。

残念ながら、大阪毎日新聞社については、これほど詳しい経営データは公表されていない。社史に掲載されている発行部数を表2に掲げたが、これは発行部数がその年のピークになる元旦の部数であるので、朝日新聞社の部数より多めになっている。広告収入などは不明だが、基本的には朝日新聞社と同様な経営拡大のメカニズムが働いていたであろう。

昭和初期、朝日・毎日両社は関東地方でも二紙の寡占体制を実現した。その直接の契機となったのは、一九二三年の関東大震災である。関東大震災によって、東京在来の新聞社は大きな打撃を受け、再建に苦しんだのに対し、大阪に本拠を置く「東京朝日」（朝日新

表2　「大阪毎日」「東京日日」発行部数

年次	「大毎」	「東日」
1924	1,111,459	688,626
1925	1,221,138	724,514
1926	1,230,869	787,476
1927	1,304,262	819,652
1928	1,370,291	857,612
1929	1,503,589	941,470
1930	1,500,609	1,014,384

注　『毎日新聞百年史』，374ページ。

表3　全国中学優勝野球大会出場校動向

年次	大会出場校	予選参加校	年次	大会出場校	予選参加校
1915	10	71	1928	22	410
1916	12	115	1929	22	465
1917	12	118	1930	22	541
1918	—	137	1931	22	634
1919	15	134	1932	22	660
1920	15	157	1933	22	671
1921	17	207	1934	22	675
1922	17	229	1935	22	666
1923	19	242	1936	22	665
1924	19	263	1937	22	654
1925	21	302	1938	22	633
1926	22	337	1939	22	608
1927	22	389	1940	22	617

聞社経営)、「東京日日」(大阪毎日新聞社経営)両紙が一挙に大規模な販売攻勢をかけたのである。文字通り血みどろの販売戦のあげく一九二七年に一応の協定が成立するが、東京在来の「報知新聞」「時事新報」「国民新聞」等は致命的ともいえる打撃を受け、経営は大きく弱体化した。それまで「東京朝日」「東京日日」「報知新聞」「時事新報」「国民新聞」の五大新聞といわれた勢力分布を塗り替えられ、「東京朝日」「東京日日」の二大新聞の時代となったのである。

東京・大阪の二大都市を押さえた朝日・毎日両紙は、全国的展開をはかっていった。一九三五年、朝日と毎日は競って門司での朝夕刊の印刷発行を開始し、同じ年には両紙とも名古屋での印刷発行に踏み切っている。名実ともに全国紙の形態を整えていったのである。その際には、甲子園野球大会開催の実績でかち得てきた声望が大きく寄与したことは確かである。

経営拡大にともなって、両社は本紙以外にも次々に新たなメディアを発刊していく。朝日新聞社は、『朝日グラヒック』(一九二一年)、『週刊朝日』(一九二二年)、『アサヒスポーツ』『アサヒグラフ』「コドモアサヒ」(一九二三年)などであり、毎日新聞社は『サンデー毎日』「英文大阪毎日」「点字毎日」(一九二二年)、『エコノミスト』(一九二三年)などである。両新聞社は、新聞だけでなく、雑誌・出版などさまざまなメディアを発行する多角的企業となっていったのである。

夏春大会の競争と膨張

大正末期から昭和初期にかけて、夏と春の野球大会はますます大規模化していった。表3のとおり一九一五年に全参加校七一で始まった夏の大会は、一九二八（昭和三）年の第一四回大会には参加校四一〇校と約六倍にまでなっている。一九二一（大正一〇）年の大会からは、満洲（現在の中国東北部）、朝鮮の地方予選が生まれ、一九二三年から台湾予選も生まれた。文字通り帝国日本の版図すべてを網羅し、帝国日本を可視化する大会となっていったのである。

このように大会が大規模化していくにつれて、大会儀式は、それにふさわしい演出がこらされる。甲子園開場大会となった第一〇回大会で、朝日新聞社は開会式上空に九機の飛行機を飛ばせ、始球式のボールを機上から投下するというスペクタクル的な儀式を演出した。これは、以後慣例化し、飛来の飛行機数を増やすなど年々大がかりとなっていく。

第一一回からは、開会式に際し、センター後方のポールに参加校の主将が国旗と大会旗を掲揚することが始まった。これは、現在でも行なわれているが、「大会の空気を一層厳粛ならしめると同時に、数万の観衆をして国旗に対する観念、ひいては光栄ある吾等の祖国に対する愛敬の念を一層明かに認識せしめ且つ喚起せしめる一つの機会としたいため」である（前掲『全国中等学校野球大会史』、六三ページ）。「大阪朝日」は、最初の際にはわざわざ紙面で「一般観覧者諸君も国歌の奏楽中は満場起立脱帽して敬意を表して頂きたい」とこの儀式の作法を読者に教化している。

また、第一二回では、野球大会歌を懸賞募集し、一等当選歌を信時《のぶとき》潔《きよし》が作曲し、「全国中等学校野球大会の歌」とした。開会式では合唱団が、この大会歌を合唱し、大会の興奮を盛り上げたのである。

対抗する毎日新聞社の選抜野球大会も、同様に大会開会式に飛行機を飛ばせ、三越音楽隊の演奏に乗せて選手入場を行なうという具合に演出していったから、大会はますます派手になっていくことになった。無論、それは大会が膨張し盛り上がっていくことである。さらに、野球大会人気が高まれば、本来は朝日新聞社の事業であったのに、他の新聞社も無視できなくなり、活発に報道していくようになっていった。「大阪時事新報」は、第一二回大会から天王寺公園に速報機プレヤーズボードを設置し、試合結果を速報することまで行なっている。大会はいっそう大騒ぎになっていき、その大騒ぎぶりは、一部から「お祭り騒ぎの野球大会」という批判を招いたことは大会史でさえ認めることである。

大会が「お祭り騒ぎ」になっていくことはイベントとしての成功である。だが、主催新聞社はそのように演出していきながら、他方では礼儀を重んずる武士道野球観から、それが度を越して必要以上の「お祭り騒ぎ」となっていくことには強い警戒心をもたざるをえなかった。特に問題になるのが、応援団である。前にも述べたとおり応援団は、観衆の興奮、熱狂を大げさな身振り、声援によって表現する役割を果たす。

応援団への統制

もともと、「一高式応援」と称されたバンカラ応援は、味方選手を鼓舞するだけでなく、威嚇的言葉や行動によって相手選手を萎縮させることをもって応援団の職務とする気風が強く、しばしば騒動の原因となった。このため朝日新聞社は大会開催にあたって応援団の統制に最大の注意をはらっていたことは先にも述べた。

さらに第二回大会では、特に「応援団規定」を明文化し、応援団は責任ある指揮者を置き、試合前日まで予定人数を朝日新聞社に届け出ること、応援団は一定の応援旗もしくは徽章をもって団員の標識とすること、応援者の言動が試合の進行を妨げ、野卑な評語を放つような者はただちに退場させることなどを制定した。応援団の行動に集団的規制を課し、個々人の応援を縛りつけようとしたのである。現在の高校野球大会は無論のことプロ野球まで私設応援団と称する人物がリーダーとなって秩序だった応援が行なわれている。ああした集団的応援は日本野球独特のものであり、迫力があるといえば迫力があるが、個人がそれぞれのやりかたで気楽に野球を楽しむとはいい難い。その源は応援を集団的統制に服させようとした新聞社の規定から形成されていったのである。

その後、鳴尾球場では一チーム一〇〇ないし一五〇人、甲子園球場になって四〇〇人という人数制限（前掲『全国中等学校野球大会史』、七五ページ）を設けるなど規定は厳しくなっていった。にもかかわらず、応援団や観客はその枠からあふれがちであった。

結局、第一三回大会（一九二七年）、諒闇《りょうあん》中を理由に応援団は禁止となった。その状況について、「大会史」は、さすがに甲子園では重大事にはならなかったが、「各地に起つた紛議や紛擾は、その悉《ことごと》くが応援団によつて誘発されたといつても差支へないほどで、応援団およびその雷同者自らが惹き起した騒ぎか、でないものでも応援団の煽動や強要がなければ即座に解決のつくべき行き違ひを、わざわざ重大化したものばかりである。そこで諒闇中の大会に苟《いやし》くも騒擾に類する事件が起つてはならぬといふので」禁止したと述べている（『全国中等学校野球大会史』、七六ページ）。諒闇後も応援団の禁止は続き、大会ごとに朝日新聞社は、応援団を認めない旨の注意を掲載した。

全国優勝野球大会が儀礼として整備される段階では、応援団は「礼儀」の枠を越えるものとして排除されねばならなかったのである。それは、球場を盛り上げることにとっては、大きな犠牲であったが、「大阪朝日」としては、それだけ武士道的儀礼の形式化に意をはらったのである。

大会の権威化

大会が大規模化し、形式的整備が進むと、元来一新聞社の私的事業にすぎなかった大会が、社会的権威を高めるようになった。無論、各地の優勝校が一堂に会し、全国一の優勝校を決定するということ自体、当初から野球少年の間で大きな権威をもった。しかも、大会が大規模化し、それが積み重なれば伝統の光を増し、大会は野球少年の間だけでなく、広く社会的権威をもったイベントとなっていったのである。主催新聞社も大会の権威を高めるべくつとめていった。

この時期、大会の権威が高まったことを象徴的に示すのが、政府要人が大会に来場したり、来場しないまでも祝電を寄せることが慣例化したことである。一九二六（大正一五）年の第一二回大会第二日、ときの若槻首相が甲子園に来場した。首相が特別席に着くや、試合を中断して、下村宏朝日新聞社専務がマイクを通して、「わが国で内閣総理大臣が野球場に臨まれたのは珍しい、これによつて本大会も一層光輝を放つものである」と挨拶し、次いで若槻首相が「剛健なる精神は健康な身体に宿る、国民の体育の進歩はやがて国家向上の要素となる」と演説した（「大阪朝日新聞」一九二六年八月一五日夕刊）。また、第一三回大会には、内務大臣・大阪府知事・大阪市長などが来場し、また首相や内務大臣が開会式に際し祝電を寄せ、文部大臣が挨拶を送ることが慣例化した。それら有力政治家の来場は、「何といふ壮観」などと大々的に報道され、大会を権威づけることになったのである。

このように政治家等が大会会場を訪れたのは、大会主催者側からすれば大会の権威づけであり、また政治家の側からすれば大会人気を利用しようとしたことでもある。ただ政治家の野球大会への関心は、それだけではなく、後述する国民体育・体力への国家の関心という問題が伏在していたことに注意すべきである。

新聞社競争のエスカレート

朝日新聞社、毎日新聞社の競争によって、むしろ相乗的効果をあげ、中学野球の人気はますます高まっていった。それにともない、両社の対抗もエスカレートしていくことにもなる。そこでは、当然新聞社の利己的動機がふくらんでいくことになる。

両社ともタテマエ的には野球大会開催に営利的目的はないと称し、利己的動機が表面化することがないようにできるだけの努力はしていた。たとえば、入場料などはとらず、大会そのものから収益をあげないことを原則としてきたのである。しかし、しだいにそれだけでは片づかないことになってきた。甲子園開場の第一〇回大会からは、観覧指定席券を発売することとした。前日や早朝から並んでも席を確保できない人のために指定席設置の要望は以前から出ていたが、それまでの鳴尾球場の仮設スタンドでは指定席を設けることができずにいたところ、甲子園開場を機に指定席券発売に踏み切ったのである。

しかし、野球大会の興行化は、かつての野球害毒論争でも非難を浴びた点でもあり、武士道野球のタテマエからしても収益を得るために入場料をとる興行という印象は避けなければならなかった。このため観覧指定席券発売にあたって、朝日新聞社は、事前に発売の方法、収入予算、使途等を明記し、指定席券発売に至った事情と趣旨を詳細に説明した手紙を全国の中学校校長に送って諒解を得たという（『全国中等学校野球大会史』、五九ページ）。

また、初めは朝日新聞社では、野球大会を広告企画に利用しないようにしていたといわれる。実際、大正期には中学野球をテーマにした広告企画はごく少数である。しかし、表4のとおり、昭和初期から活発に利用されるようになり、一九三〇年代にはかなり増加している。見開き二ページの大型企画広告さえ登場している。甲子園大会は、新聞社の広告

表4　「大阪朝日」中等学校野球大会企画広告（1922〜34）

年次	広告件数	広告段数
1922	2	36
1923		
1924	1	12
1925	1	24
1926	2	48
1927	2	57
1928	8	130
1929	8	130
1930	10	130
1931	7	130
1932	8	143
1933	10	169
1934	14	221

注　『近代日本の新聞広告と経営』，415ページ。

営業活動に直接的に結びつくようになっていったのである。

このように大会の人気が高まっていくにつれて、新聞社自身の行動が自ら掲げている「凡てを正しく模範的に」というタテマエの枠にはおさまりつかなくなってきた。新聞社の利己的行動があらわになってしまうのである。

選抜大会優勝校の渡米

それを典型的に示すのが、一九二七（昭和二）年七月、大阪毎日新聞社が、その年の選抜大会優勝校である和歌山中学野球部を「西部沿岸諸州見学」と称して渡米させたことである。中学野球チームをアメリカに送ることはまったく前例のない企画であったが、七月に渡米させたのであるから、当然、夏の大会には正選手は出場できないことになった。和歌山中学は補欠選手のチームで予選はなんとか勝ち残ったが、本大会では一回戦で大敗してしまった。この大会では高松商業が全国優勝したが、和歌山中学が出場していれば優勝しただろうという声が高く、帰国した和歌山中学と高松商業の試合が仕立てられたが、練習不足の和歌山中学は高松中学にあえなく敗北した。和歌山中学は、新聞社の競争に引き回されたかたちである。

ともかく選抜の優勝校を夏に渡米させるというのは、その年の最も注目されるチームが、正規メンバーで夏の大会に出場できなくなるのであるから、夏の大会の興をそぐ企画であったことは間違いない。毎日新聞社は、この企画を一九三二年まで続行し、この間、春の優勝校の春夏連覇は事実上不可能となってしまった。

ここには、自社のイベントの成功のみを追求する新聞社の利己的動機が露出してきてしまっている。新聞社は、イベントの主催者として大会をタテマエとしての中学野球イデオロギーによって飾ってきた。「大阪朝日」は、タテマエとして大会が誇るべきは「規模と外形」ではなく「内容」「精神」であり、「本大会に対する吾人の標語は、純真であり、堅実であり、公正である」と精神主義を主張するのである（「大阪朝日新聞」一九二七年八月一三日社説「野球大会」）。だが、イベントの「規模と外形」は巨大化し、しかも新聞社間の競争は激化するなかで、利己的行動を覆うことができなくなったのである。それは、朝日・毎日両社だけの問題ではない。中学野球人気の高揚によって、各地方新聞社もさまざまな大会を企画し、それを盛り上げようとする。

そこに出現するのは、「おもに球場を所有する電鉄会社や地方新聞社が、純然たる営利目的で、中学チームの野球試合を頻繁に開催した。交通費、宿泊費を電鉄会社なり新聞社が負担し、各種の名目で中等野球大会を挙行し、電鉄会社は旅客収入を計り、新聞社は自社の宣伝につとめた。であるから、全国的に名の知れた人気チームは、ほとんど日曜祭日ごとに各地の大会に招待され、（中略）文字どおり東奔西走し、日曜祭日のみならず平日も試合をやり、授業に支障を及ぼしていた」という事態である（久保田高行『高校野球五十年』時事通信社、一九五六年、一三一ページ）。

精神の空洞化

主催者の利己的活動が見え見えになってくれば、当然、それ以外のところでも、優秀選手の争奪などの学校の利己的活動、あるいは選手の利己的活動が蔓延してきてしまう。大会がイベントとして成功し大規模化し権威が高まれば、当然、優勝者に戴冠される名誉も大きくなる。その名誉を目指す競争が激化してくるのは必然的である。そして、そこで勝ち得た名誉は、さまざまな分野に応用がきくのであるから、学校にしろ選手にしろ利己的動機が膨らんでいくのは避けられない。球場の試合のなかでは野球ルールは守られるが、球場の外ではチーム強化のためのさまざまな戦術がルールのないまま公然とあるいは非公然と展開される風潮が広まっていった。

新聞社は野球大会の「規模と外形」を大きくしていくことに全力を傾注してきた。だが、その「規模と外形」を維持するためには武士道野球という「内容」「精神」の肉づけが必要であり、それをかたくなに主張し続けてきたのである。だが、大会はあまりに巨大化してくると、かえって「内容」「精神」が空洞化してしまう症状を呈してきたのである。

しかし、新聞社は、決して空洞化を認めるわけにはいかず、タテマエの「精神」を掲げていかざるをえなかった。野球過熱のさまざまな弊害が生じたとされるが、報道すべき新聞社が、野球大会の主催者であることもあって、表沙汰にはならないまま推移し、かえって深刻化していくことになった。

そうした事態の一端をかいま見せたセンセーショナルな事件が、一九三一年四月に起きた京都平安中学の花形野球選手が、大学間の争奪戦の結果、日大と法大の双方に在籍し、誘拐騒ぎにまでなった事件である（「東京日日新聞」一九三一年四月二三・二四日）。この事件は、さすがに新聞に大きく報道され、野球界の不祥事として大きな話題になった。また、

「東京日日新聞」四月二五日には、事件に触発されたのか、野球の技量を売りものに大学入学を果たした友人の実話を紹介する読者からの投書が掲載され、表面化した事件が氷山の一角にすぎないことをうかがわせる。

こうした事態は、文部省の注目するところとなり、文部省はこれを口実に「スポーツ浄化運動」を提起することになった。スポーツイベントは、主催する新聞社が唱えるタテマエで覆い尽くせないほど膨張してしまい、政府当局の介入を招くまでになってしまったのである。

野球統制令

国民体育の政策化

一九三一年、野球選手争奪事件のころから、文部省の「スポーツ浄化運動」は、にわかに具体化した。しかし、事件は、一つの契機であるにすぎず、また政府側の意図もスポーツをめぐって起きた弊害を「浄化」するといったことだけにとどまるものではなかったのである。実はそれ以前から政府当局の間では、それまで主として民間中心に形成されてきた体育運動競技を国の政策として取り組もうとする動きが徐々に浮上してきていた。それは、文部省による「体育デー」の制定、内務省による明治神宮競技大会開催（いずれも一九二四年）としてすでに具体化されていた。さらに、一九二九年一一月二七日、文部省に体育運動審議会が設置されている。前述した夏の全国優勝野球大会に総理大臣など政府要人が来場するなどの動向も、朝日新聞社の働きかけがあったにせよ、政府側における国民体育の政策化という大きな脈絡があったのである。甲子園における若槻首相の「国民の体育の進歩はやがて国家向上の要素となる」という演説も、決してその場限りの飾り文句であったわけではない。

一九二〇年から三〇年代にかけて国民の体育、身体文化への国家的関心の深まりは、非常に大きな問題であるが、広い意味での国家総動員体制にむけて、国民精神とともに国民の身体をも国家の管理のもとにおき、動員していこうとする動きであろう。無論、身体、体力を個々人のものではなく国家のものととらえ、国家にとっての有用性から測定する考えは、明治時代から存在していた。その端的な表れが徴兵制度である。かつての野球害毒論争でも、野球によって肩を酷使する結果徴兵検査に不合格となることが野球批判の論点になっていたのも、そうした考え方にたっていた。学校体育の基本的目的は、優良な兵士の体力を養成することにあったと見ることができよう。

国民の身体、体力に関して一定の関心は一貫して維持されていたのである。しかし、十分に体系化された政策とされていたわけではなかった。ところが一九二〇年代からは取り組むべき国家的政策として意識されだしたのである。

野球についていえば、文部省は一九三一年六月、体育運動審議会に「体育運動競技の健全なる施行方法に関する件」を諮問した。審議会は、さまざまな運動競技のなかでも特に野球が最も大きな問題を抱えているとの判断から、特に野球を選んで集中的に審議を開始したのである。ちょうどその折、前述した野球選手争奪戦が発覚したのであった。

野球統制令

体育運動審議会は、翌三二年一月、「野球の健全なる施行方法に関する事項」を文部省に答申した。この答申では、小学・中学・大学など学生野球の拠るべき基準を提案するとともに、一貫した統制団体を設置し野球を管理することを提案している。これまで指摘したとおり野球過熱によってさまざまな弊害が生じてきていたが、野球界や新聞界からは野球を運営する社会的ルールを形成しようとする自主的動きがほとんどなかった。野球大会を主催する新聞社は、野球場内では儀式を順守させることによってなんとか体面を保ったが、場外ではタテマエ論議を繰り返すだけで、野球をめぐる社会問題を正面から論じてこなかった。審議会は、そうした社会的ルールの不在を衝いて、統制団体による野球の管理を進めようとしているのである。しかも、その付帯事項では、統制機関設立までは「文部省が之に代つて自ら管理の任」に当たることを認めている（文部省体育課長山川建『野球統制の話』、一二ページ）。これによって、文部省は、統制団体設立までの暫定期間という条件付きではあるが、事実上「野球の健全なる施行」のために上からの強力な統制を行なうお墨付きを得たのである。

文部省は、直ちに同年二月、文部省の諮問機関として野球統制臨時委員会を設置し、統制の具体化を審議させた。この臨時委員会には、安部磯雄などの学校代表、運動医学者とともに、飛田忠順（穂洲）、橋戸信といった明治末期の天狗倶楽部のメンバーで後に新聞社の中学野球大会開催とそのイデオロギーの形成に深く関わった人物も取り込んでいる（「東京朝日新聞」一九三二年二月二日朝刊）。

委員会は、精力的に審議を行ない、二月二四日、小学野球試合規定、次いで二六日中学野球統制規則、三月二日大学専門学校野球統制規則を決定した。文部省はことを急ぎ、いずれも文部省訓令として通達し、四月一日から実施となった。ここには、運動のなかでも、最も盛んでかつ問題が多い野球を攻略することによって国民体育全体に統制を及ぼそうとする文部省当局の一貫した意志がうかがえる。

中学野球統制規則（正式には「中等学校の野球に関する事項」）は、「東京朝日新聞」一九三二年二月二七日朝刊記事「未公認大会に参加を禁止」等に全文が掲載されているが、それによれば、「全国的優勝大会及び全国的選抜大会はそれぞれ年一回全国中等学校野球協会公認の下に開催」、各地方大会、各県大会は年一回開催、各校対抗試合は限定開催となった。その他、土曜日午後・日曜休日・休暇中以外の対外試合禁止、その年に進級した生徒に限定した選手資格、入場料徴収規則、クラブチームへの参加制限など細かな制限が加えられている。

文部省側では、「本訓令は、単に弊害防止の命令といふやうな性質のものではなく、もつと根本的な意味のものでつまり、真の学生野球振興に向つての第一歩となり、指針となるべきものなのであります」（前掲『野球統制の話』、二一ページ）と、統制ではなく、「振興」であると主張している。だが、文部省は、当時の野球界の状況に対し、一つの境界線を引き、外側にはみ出した部分を「弊害」として禁止したのであるから、統制であることは間違いない。

こうしたスポーツへの政府介入に対し一部では反対運動もあったようである。「東京朝日新聞」一九三二年三月一七日朝刊記事「野球統制案」は、「鳩山文相を訪問して野球統制案の実施を一ヵ年延期すべしとの決議文を手交し種々陳情に及んだ向きもある」とか「尚相当猛烈な反対運動が続けられるものと見られる」と報道しているが、どのような勢力が反対しているのか明らかでなく随分遠慮した記事である。また、「朝日」「毎日」は、野球統制問題を記事としては報じているが、社説等で論じてはいない。結局、大勢としては、野球界、新聞社ともに統制令を従順に受け入れていったと見ることができる。

これら統制の対象となっている事態、すなわち学業に支障を来すほどの野球への熱中、チーム強化のための選手優遇、試合の興行化などは、明治末期の「野球害毒」論争においても論議され、その後も朝日新聞社が繰り返し注意をはらってきた問題である。だが、解決することができなかったという負い目が、野球界・新聞界にはあった。

たとえば、この年の夏の大会において、「大阪朝日新聞」は、社説「スポーツによる訓練全国優勝野球大会に際して」を掲げ、「わが社の最も深き真心は、いかにせば、この学生スポーツの精神を、いやが上にも顕揚して、その教育的、訓練的価値を最大限に発揮し、一般スポーツ界の模範たるべき権威と名誉とを、いよいよ高むべきかにある」と、改めて大会の目的が、心身の「教育、訓練」にあると強調している（「大阪朝日新聞」一九三二年八月一三日社説「スポーツによる訓練　全国優勝野球大会に際して」）。これは、朝日新聞社が、野球大会創始以来、あるいは「野球害毒」論以来、唱えているところであるが、その主張に続けて「一歩の指導を誤まるにおいては、弊害極まるところを知らず、反対に、虚言、欺瞞、不公正、驕慢、不遜、放縦、無責任等の悪徳を助長する虞れがあるのである。その教育的、訓練的効果が大きいだけに、これを裏切る反動的勢力もまた強大である」と認めざるをえないのである。

結局、この野球統制令によって、多くの大会や試合が中止させられ、また慶応大学等のチームでは、「浄化」のため一部選手を除名するなど野球界・運動界は直接的影響を受けた。さらに、長期的には運動に国家の管理が及ぶ契機となった。しかし、反面では、切り捨てられたのは、主に地方レベルの大会や対抗試合であり、毎日新聞社の選抜優勝チームのアメリカ遠征は中止となったが、朝日新聞社・毎日新聞社の主催事業である夏と春の全国大会は、公認の大会としてそのまま存続することになった。したがって、朝日・毎日両社にとっては、直接的実害はなく、むしろ、統制令通達の年の夏の大会開会式に鳩山一郎文相が「特に来場」し訓辞を述べたとおり、大会は権威づけられたのである。その点では、確かに、野球統制令は、たんなる統制ではなく、野球さらには運動・国民体力の増強の「振興」を国策化する政策であり、新聞社はそれに乗ったのである。

精神野球の高進

しかも、この段階で、政府は統制を実施しながら、自ら野球・体育のイデオロギーを直接語ったわけではなかった。統制下での野球イデオロギーを高唱することになったのは、大会を公認され権威づけられた新聞社である。特に、この時期の新聞社側で中学野球のイデオローグとして最も大きな役割を果したのは、飛田穂洲であった。水戸中学から早稲田大学と野球選手で鳴らし、押川春浪らの天狗倶楽部のメンバーでもあった飛田は、早稲田大学野球部監督を経て朝日新聞社の嘱託記者となり、精神主義を重視した甲子園野球の戦評によって文名を高めた。彼は、文部省の野球統制委員会の委員でもあったし、統制令後には講習会などの講師として活躍している。

飛田が説くのは、「遊戯」や「娯楽」の野球ではなく、「修養の野球」である。「今日吾等がいふところの野球には精神がなくてはならぬ」のである（飛田穂洲『中等野球読本』スポーツ良書刊行会、一九三五年、一ページ）。そこから導き出されるのが、必勝主義、集団主義、精神主義である。それらは、飛田自身が「日本の学生野球精神の発祥地は第一高等学校の校庭である」と述べているとおり、かつての「一高式野球」の精神であり、朝日新聞社などが中学野球の精神としてことあるごとに語ってきたことであった。飛田は、それを改めて強力に主唱していったのである。

しかし、すでに指摘したとおり、国家的エリート学校としての特権的空間と時間に成立した一高野球を、全国の中学校に移植するのはとうてい無理なことであった。にもかかわらず、中学野球大会は、それを中学野球の範型として標榜していったところに、タテマエと実態の分離が生じ、その葛藤に悩んできたのである。だが、飛田は社会全体に「遊戯」「娯楽」が大きく登場している段階で、あくまでタテマエを唱えた。むしろ、彼自身が「遊戯」と「娯楽」の風潮を強く意識しているだけ、その野球論は「一高式野球」以来の伝統を美化し、いっそう観念的になったのである。

彼によれば、日本の学生野球は、「技の巧拙のみによつてその価値が定められるものではない。野球に対する精神、真剣さが特に穿鑿《せんさく》」されるべきであり、技術のみを求めるのは「邪道野球」である。したがって、野球は「興味的野球、面白い球遊びから精神のある野球に移り、真実野球」に進歩していかねばならない。「真実野球」は猛練習によって追求されるのであるが、それは「昔の剣客者などが奥義《おうぎ》を極める」、「真技」を体得する過程になぞらえられ、「真技といふものは、形式に現はれる術ばかりでなく、心術といふものが加はらなければならない。心術は師匠の講義や示教のみでは会得出来ない。自ら、自らの眼を開く所謂難行苦業の結果得られるものであつて口述伝授はなし難いものである」。そこでは、当然「野球の難行苦業は練習にある」ことになり、ことさらに「難行苦業」が追い求められる（前掲飛田、五・一四ページ）。まさに精神主義の極致である。

さらに、「野球部といふものは野球によつて心の修業をするところであつて気儘気随の行動は許されない」、「修業者はその約束を守つて野球部の為め粉骨砕身せねばならない。部長の命ずるまゝコーチの命ずるまゝ先輩の命ずるまゝ命維れ従つてグランドを馳駆しなくてはならぬ」のである。さらに勝手な行動をとる者には「厳重な制裁法も設けられ監視も充分になされねばならない」ことになる（前掲飛田、八ページ）。軍隊を思わせるような、こうした徹底した自己犠牲的集団主義は、野球部の生活、練習方法、試合の戦術まで一貫していくことはいうまでもない。

そして、練習や集団にたえられず「中途退却のものに限つて精神的に欠陥があり」、「楽しみにやる野球に血の涙を流すなど馬鹿々々しいと思ふものは野球部に入ってはいけないし、入部させてもならない。それ等は初めからゴム球でも相手にして野球の真似事をしてをればまことに安全であらう」とまで極言されるのである（前掲飛田、七ページ）。

「難行苦業」の猛練習によって鍛えられ、集団への「粉骨砕身」に一致団結したチームは、試合に臨んでは、必勝の「気合い」がなければならない。無論、試合であるから、勝負にこだわるのは当然であるが、このような精神主義と集団主義のもとでは、試合に勝つことがすべてであり、勝つことによってすべてが正当化されるのである。

野球が統制されることによって、個人の楽しみといった要素はまったく切り捨てられ、中学野球のイデオロギーは一段と観念化した。その精神主義、自己犠牲的集団主義は、国家への献身に転化することは容易に推定できる。それが、政府・文部省が暗黙に目指す国策的体育の方向と一致していたことは推測に難くない。

統制令以後の野球隆盛

統制令以後、夏と春の甲子園大会は、衰退したわけではない。むしろ、表面的にはますます隆盛を誇っていた。一九三三年の第一九回大会での中京商業と明石中学の延長二五回戦は野球ファンを熱狂させた。それを伝える「大阪朝日新聞」八月二〇日記事の一節を紹介しよう。「まさしく球国エベレストの頂に、雲表を抜いて聳ゆべき善戦健闘の方尖碑！　円板四十九個の乱舞中、ただ一本の杖『1』は中京の陣に落ちたが、明石は敗れて微塵の悔を翳さず、勝者また粛として驕らず、光落日に映ゆるは若人の頬を伝ふ白い涙、黒い汗」。後々まで伝説化する精神力と集団への献身の物語が次々と作られ、聖化されていったのである。

一九三六（昭和一一）年の第二二回大会に際し、「大阪朝日新聞」紙上に一文を寄せた平生《ひらお》釟三郎《はちさぶろう》文部大臣は、「スポーツは遊びごとではない。スポーツマンシップの体得による日本精神の昂揚——これが、プレヤーはもちろん、一般観衆に対して、絶対的に要求されるところのものである。あらゆるスポーツがこの目的のもとで行はれてこそ、発展に意義があり、流行に祝福がある。単なる遊びごとに終はつてはならない」と主張した。これは、政府の目指す野球統制、国民体育育成の方向を率直に語っているのである。

翌三七年の大会では、開会式前日、出場校野球部一同の名で「時局ノ重大性ニ鑑ミ特ニ武士道精神ニ則リ中等学校野球ノ精華ヲ発揮シテ国民体育ノ向上ニ資シ国家有事ノ際ノ遺憾ナキ奉公ヲ期ス」という宣言を発表した。一九三八年になると、大会開会式で、全選手が「われらは武士道の精神に則り正々堂々と試合せんことを期す」と唱和し、ついで全選手と観客が「愛国行進曲」を合唱する儀式が行なわれるようになった。さらに毎日第一試合の始まる前に選手・役員・審判も大観衆も一斉にたって宮城を遙拝、皇軍兵士の武運長久とその英霊のために黙禱をささげ愛国行進曲を斉唱することとし、試合開始のサイレンにかわって進軍ラッパを吹くことになった。この開会式に際して発表された「大阪朝日」八月一二日社説は、「協力に対する犠牲的精神」こそ大会の意義であり、「選手にとつてグランドは戦場にも比すべき厳粛なる修練道場」であるとし、観衆も「精神的に選手と同一体になり得るところにこの大会の真生命」があるという「気構へあつてこそ初めて本大会の真のフアンたる資格がある」と唱えている。そして「本大会をして余興気分に脱線せしめざるやう観衆自ら監視の任に当られんことを希望する」とまで主張した。大会は、文字通り選手・観衆・読者・聴取者に国家主義的価値を体感させ、確認する大きな儀礼となったのである。

プロ野球への反発

この時期に、プロ野球結成の動きが台頭してきたことも中学野球の反発を引き起こし、精神主義を高進させることになった。正力松太郎の経営する読売新聞社は、一九三一（昭和六）年と一九三四（昭和九年）の二回、アメリカ大リーグのオールスターチームを招待し、大々的人気を博した。特に第二回のチームはホームラン王ベーブルースを含む豪華メンバーであった。当時、大リーグチームと対戦する日本チームは学生チームしか存在しないのだが、折からの野球統制令のため日本の学生チームとの試合を組むことができず、急ぎ大日本東京野球倶楽部を一九三四年六月九日結成させ、アメリカ大リーグチームの相手をつとめさせざるをえなかった。このチームが、この年の一二月二六日に正式に株式会社大日本東京野球倶楽部の創立となったのである。これが、現在の読売巨人軍の前身である。その後、阪急、阪神、南海といった私鉄会社や名古屋新聞、新愛知といった新聞社がプロ野球チーム結成に参入し、一九三六年二月五日、日本職業野球連盟が設立されることになるのである。

このようなプロ野球台頭に対し、飛田穂洲は、「大阪朝日新聞」一九三六年三月一八日から四回連載で「興行野球と学生野球」という論文を掲載し、職業野球は二流の選手を金でかき集めたにすぎず、興行本位、物質本位の「見せ物式野球」であると激しい批判を加えた。そして、「先人球士」が「血を、涙を、汗を、その球心に注ぎ込んでゐる、実に気魂のすべてを鋳込んで日本の武士道に混和せしめ今日いふところの野球道を開拓した」日本の野球をあくまで守らなければならないことを主張したのである。彼は筆を続けて、「学生野球の練習場にありては虐待の限りをつくさねばならぬ、この虐待的練習によつて選手は一生涯における精神鍛錬が施され、一個の球の中に社会のあることを知り、人生を悟るのである」とまで唱えた。

こうしたプロ野球批判に読売新聞社側も黙ってはいなかった。読売新聞運動部長、大日本東京野球倶楽部総監督としてプロ野球成立に尽力した市岡忠男が猛反駁し、「読売新聞」三月二八日・二九日に「球界の暴論を駁す」という論文を連載した。市岡は、巨人軍は決してインチキな「見世物野球」ではなく、「大和魂を打込む独特の日本式野球」であり、職業野球団こそ「『躍進帝国』の使命を担ふ」のだと主唱したのである。

両者は、プロ野球の評価で正面から対立している。しかし、野球観そのものは同じである。どちらも「武士道」「大和魂」を至上価値とし、それに根ざす「日本式野球」を擁護しているのである。ここでは、プロ野球の形成について深く立ち入らないが、巨人軍も新しい野球観を作り出したのではなく、日本独特の「武士道野球」を受け継いでいるのである。自らを正当化するため「大和魂」「躍進帝国」をいっそう強調している感さえする。

このように結果からすれば、プロ野球は異なる野球観を掲げたわけではないが、中学野球の側は、プロ野球の登場は、自らの野球観を否定するものと映じ、強く反発したのである。しかも、時代風潮もあって、学生野球を中心とする「日本の野球」の精神主義は一段とエスカレートしたといえる。

タテマエ論の独走

「日本精神の昂揚」を強調する、こうした動向は、これまでの甲子園野球の言説からの突飛な逸脱ではない。むしろ、その延長線上にあるといえよう。しかし、それまでは、そうしたタテマエ論の下に功利的・娯楽的動機が存在していた。ところが、野球統制令によって、そうしたホンネは強権的に押さえつけられたのである。それは、長年、中学野球を主催し、タテマエとホンネの葛藤に悪戦苦闘してきた新聞社にとって、大きな悩みが解消されたことでもある。

だが、中学野球のタテマエとホンネの葛藤は、悩みの種ではあったが、同時に膨張のエネルギーであり、両者の拮抗によって一方の独走化が抑止されていた。主催者としてタテマエを説いていた新聞社自身も内部に営利的ホンネを抱えており、その葛藤に悩みながら中学野球大会を大きくしてきたのである。しかし、統制令によってタテマエとホンネの二元性を失い、タテマエだけの存在になったとき、もともと「武士道的野球」を自認し国家主義的であった中学野球のタテマエ・イデオロギーだけが独走し、新聞社は自ら国策に資する体育の代弁者・宣伝者となってしまったのである。

それは、野球大会だけの問題ではない。野球統制令が具体化された時期、新聞紙面を派手に飾っていたのは、上海事変における肉弾三勇士の美談であった。新聞社は、この美談を題材に講演会・歌詞募集等のイベントを作りだしていった。そこでも、新聞は、国家が作ったタテマエ美談を増幅、煽りたてる役割を果たしていたのである。

戦時体制と甲子園野球

紀元二千六百年祭と甲子園野球

一九四〇（昭和一五）年、朝日新聞社は、紀元二千六百年祭を奉祝して「全日本中等学校体育競技総力大会」を文部省後援のもとに主催することを発表した。これは、それまでさまざまな団体が主催してきた「全国中等学校陸上競技対抗選手権大会」「日本中等学校水上競技対抗選手権大会」「全日本中等学校東西対抗庭球大会」「全日本中等学校軟式庭球優勝大会」「全国中等学校東西対抗器械体操競技大会」「全日本中等学校排球選手権大会」「全日本中等学校籠球選手権大会」と朝日新聞社の「全国中等学校優勝野球大会」（第二六回大会）とを一本化した大スポーツ大会で、一新聞社の主催するスポーツ・イベントとしては空前の規模を誇った。しかも、この大会の意義は、紀元二千六百年祭という国家イベントに積極的に協力して八大競技大会を一本化した大規模さにあるのではない。さまざまな運動競技を「興亜の気魂を体育報国の誓ひに輝かす」（「大阪朝日」一九四〇年八月一一日）ことに収斂《しゅうれん》させていくスポーツイデオロギーこそ、国策に協力するあるいは国策を先取りする、この大会の大きな意味であった。

大会期間中の八月二〇日の「大阪朝日新聞」家庭欄は、「武道で国力充実」「国家新体制に即応した修練の道」「国民はみな武の道へ！」という特集記事を掲げている。そこでは、老若男女国民すべてが、それぞれ武道にはげみ、「国家新体制に臨むに足る心身を錬成」すべきことを各界名士がさまざまな角度から訓戒した。国民の心身はすべて「国家新体制」に献げるキャンペーンが展開されたのである。

この時期から「献納」という言葉が盛んに使用されるようになった。たとえば、広告主や新聞社等媒体が「国策宣伝に協力・援助する趣旨」から広告スペースを無償で国民精神総動員本部に献納する献納広告が行なわれるようになる（前掲『近代日本の新聞広告と経営』、六一二ページ）。あるいは一九四〇年九月九日付「都新聞」は、「新聞報国」のため「必要とあらば『献納』も辞せず」と、自らの新聞社総体を「献納」する意志があることを社告発表している。そうした流れのなかでは、朝日新聞社が中等学校優勝野球大会を「全日本中等学校体育競技総力大会」のなかに組み込んだことは中学野球を自主的に「体育報国」に献納したといえなくもない。

戦時体制と体育

一九四一（昭和一六）年、第一八回全国選抜中等学校野球大会は参加一六校を集めて甲子園球場で開催され、東邦商業が三回目の優勝を遂げた。第二七回目の夏の大会のほうも、朝日新聞社は、六月四日に例年通り開催する社告を発表した。七月上旬から地方予選も開始され、「全国中等学校優勝野球大会前記」と題した各地方大会の前評判連載記事も連載されていた。しかし、この連載は、七月一二日に中断され、そのまま大会そのものも何の説明もないまま中止となってしまった。これは、七月中旬に文部省次官通達が出され、スポーツの全国的大会は禁止となったためだという。全国大会禁止の理由は、この年関東軍が実施した大規模な演習（関東軍特種演習）によって国内交通機関は兵員と物資の輸送で輻輳し、不要不急の人や物品の移動を制限したためだとされる。しかも防諜上、新聞報道は禁止となったので、大会中止の事情を読者に説明できず、朝日新聞社は各地方中等野球連盟に書面で中止を連絡した（久保田高行『改定新版高校野球百年』、二〇六ページ）。

一九四一年の夏の大会中止は、結果的には戦前期における甲子園野球の終末となった。この年の一二月日米開戦となり、日本はますます神がかり的な言説があふれていくようになっていった。一二月七日「東京日日新聞」は第一面すべてをあげて真珠湾攻撃で戦死した九人の軍人を「軍神」「殉忠報告の精華」と賛美している。そして、翌一九四二（昭和一七）年の春の選抜野球大会は、説明の社告のないまま開催されなかった。また、七月一二日、朝日新聞社は社告を掲げ、大日本学徒体育振興会が「学徒の体育を一元的に統制指導」することになったため、全国中等学校優勝野球大会は「終止」となったことを発表した。文部省が詳しい説明なしに一片の通牒をもって伝統ある大会を終了させたことに朝日新聞社は「遺憾禁ぜざるものがある」と述べ、大いに不満を表明している。しかし、この社告でも「学徒の体育を一元的に統制指導せんとするその根本方針」には全面的に賛同しているとおり、国家の統制に抵抗する論理は、この時にはすでに失われていたのである。むしろ、これまで述べてきたとおり、朝日新聞社は先取り的に「体育報国」を唱え、野球大会を超国家主義の儀礼としていくことを推進してきていたのである。

甲子園の野球は、国家によってからめ取られていった。スポーツが国家によって統制されてしまうのは、大きな悲劇である。しかし、中学野球大会においては、新聞社が形成してきた野球イデオロギーが、国家の統制に対抗するより、それを受けいれてしまう、あるいは先取りしてしまう構造であったことは見逃せないことである。それは、野球のホンネとタテマエを二律背反としか考えず、互いに相手から問題をくみ取ろうとはしてこなかったことにある。新聞社は、長年、自らや多くの関係者も持っている功利的娯楽的ホンネを表面化させないことだけに腐心し、表側でホンネを隠しタテマエしか語ってこなかったのである。そして、統制令によってホンネが強権的に押さえられた結果、タテマエ論だけが高進し、そのタテマエ論は、もっと大きな国家の作るタテマエに巻き込まれたのである。

エピローグ　甲子園野球の復活

スポーツを民間に

一九四五年八月一五日、真夏の暑い日の正午、国民は初めて聴く天皇の声によって日本の敗戦を知らされた。全国民に同時に肉声を伝えるというラジオメディアの特性が最も利用されたのである。かつての八月は、甲子園野球大会の時期であり、興奮をかき立てるアナウンサーの声が家々のラジオから流れていたはずである。しかし、この日、野球場にボールを追い、バットを振る少年たちの姿はどこにもなかった。

しかし、敗戦の衝撃と戦時統制が急速に権威を失っていくなかで、スポーツ、特に野球の復活を唱える声は意外に早く表れた。「朝日新聞」は、敗戦から三ヵ月後の一九四五年一一月六日、社説「スポーツを民間に還せ」を掲げている。そこで、「朝日新聞」が主張するのは、「満州事変以来、わが国スポーツの動向は、専らスポーツを民間の手から役人の手に接収することに尽きてゐた。そしてスポーツの純粋性を圧殺して、これを競技化してしまつた」というのである。恐らく念頭にあるのは、甲子園大会などが文部省によって中止に追い込まれたことであろう。そして、「今後のスポーツは、従来ややもすれば或種の宣伝に利用されて興行化したり、アマチュアと職業とを混同したりした旧弊を断固打破して、アマチュア精神の尊厳を死守顕揚しなければならぬ。かくてこそスポーツ民主化である」。「スポーツ民主化」とはまったく耳新しい言葉だが、具体的にあげている「興行化」批判などは戦前期とまったく同じ論点である。

また、同日の寄稿欄「声」には飛田穂洲が「日本野球道の再建」と題する一文を寄せている。飛田も、戦時下、「日本の正統野球」が文部当局等によって弾圧を受けたとして、その再建を主張するのであるが、彼の掲げる「日本野球道」とは、「学生野球に限り吾等の先人が築き上げて呉れた日本式野球から逸脱した道楽的野球や趣味的野球に堕してはならない。この主張は十年一日の如く、戦勝国にならうと戦敗国にならうと寸毫も譲るべき筈のものではない。吾等が幾十年を打込んで来た野球道は全く独自のものであつて、グラウンドを人間育成の道場と心得て来た。一個の球の中に人生があり、哲学があると喝破して狂人扱ひにされても、一歩進めば野球経国の理想を真剣に主張して憚らない」というものので、社説と同様に戦前期の野球とほぼ同じ論理に立っている。ただし、戦前にはグランドは「戦場」であるといったのが、いまや「道場」と置き換えられてはいるが。

一九四五年一一月上旬、「朝日新聞」が社説と寄稿欄で野球を論じたのは、夏の大会復活のための事前工作であったとみられる。朝日新聞社社内では、はやくも九月末ごろには野球大会再開の議論が出て、大正期から大会委員を務めるなど運営に尽力していた佐伯達夫（のちの高野連会長）に意見打診などが行なわれていたという。この社説と飛田の論文は、朝日新聞社の野球大会の再出発の意味をもっていたのである。

戦後野球の再出発

野球再出発に際して朝日新聞社がどのような考えにたっていたのかは、戦後の甲子園野球を考える第一歩であろう。朝日新聞社が主張するのは、第一に戦前の野球が官僚によって弾圧されたということである。野球や主催新聞社は被害者であることになり、野球を官僚の手から民間に取り戻せと唱えられるのである。無論、民間とは朝日新聞社自身のことで、朝日新聞社の大会主催権の正当性を訴えているのである。第二には、武士道野球という言葉こそ使われていないが、野球観そのものを再検討しようとする態度はほとんどない。戦前期と同じ野球観が維持されていることでである。

「スポーツ民主化」といった新しい言葉は使われているが、それは結局民間によるスポーツ大会開催ということ以上の意味を持たず、自らがかつて唱えた精神主義的で集団主義的な武士道野球が「日本精神の昂揚」となり、結局は国民の精神と体力を超国家主義に先導する役割を果たしたこと、すなわち自らの野球観を考え直してみようとする発想はまったく見られないのである。

ただし、戦前の野球にまったく無反省であったわけではない。学校の宣伝広告に利用された野球部、「質実剛健」を忘れた選手が「野球弾圧の一因」となったことは批判している。しかし、それらは、戦前も繰り返し論じていた点であり、新しい視点にたった野球観の表れではなかった。

一九四五年一一月に文部省体育課長北沢清、朝日新聞社企画部長、運動部長、佐伯達夫などによる会合が持たれ、一九四六年夏の大会再開の話がまとまった。その際、文部省側から戦前のように朝日新聞社の単独主催ではなく、新たに野球の競技団体を作って、それとの共同主催という形式が文部省としても教育上好都合である旨の提案があったとされる。

それを受けて朝日新聞社と佐伯達夫等が全国をまわって一九四六年二月二五日に全国中等学校野球連盟（のちの全国高等学校野球連盟）が結成されたのである（佐伯達夫「大会と連盟」『全国高等学校選手権大会史』、一〇九ページ）。

紙面では文部省等の官僚統制を批判していた朝日新聞社も実際には大会再開を文部省と交渉し、文部省の提案によって野球団体が設立されたのである。朝日新聞社が団体設立に同意したのは、戦前は朝日新聞社が大会を主催するだけにとどまらず、野球の社会的弊害、人気の過熱といった問題まで立ち入らねばならなかった反省から、野球の統制は野球団体に任せるのが好都合であったためであろう。しかし、設立された全国中等学校野球連盟は、実質的には朝日新聞社が夏の大会開催の条件整備として組織化した団体であって、その野球観などは朝日新聞社のそれと同じであった。

ともかく一九四六年八月一五日、ちょうど敗戦から一年目に第二八回全国中等学校優勝野球大会が、西宮球場で開催された。大会回数は引き継がれ、大会規定等も戦前とほぼ同様なものであった。ただ、「朝日新聞」は、「青春いまぞ我らに」「平和への賛歌、若く新しき祖国の賛歌」などと戦前には考えられない言葉で大会を飾っている。

一方、選抜大会の再開は難航した。毎日新聞社は、文部省と交渉することなく、阪神電鉄の協力を得て占領軍兵庫軍政部と話し合いを進めたが、やはり野球団体を設立しそれとの共催という形式が要望された。だが、全国中等学校野球連盟は朝日新聞社のパートナーとして作られた団体であり、毎日新聞社は独自に別団体を設立しなければならないことになったが、それも困難ということで暗礁に乗り上げた。これは、いちおう全国中等学校野球連盟が共催ということでなんとか解決したが、GHQ側では全国大会は年一回でよい、新聞社が主催するのは不都合である、シーズン初めに大会を催すのは望ましくないなどの理由をあげて難色を示した。結局、難航の末、今年限りで来年は中止するという約束で、一九四七年三月三〇日に第一九回全国選抜中等学校野球大会として甲子園球場で復活したのである。翌年は、再度交渉のあげく戦前からの回数を引き継がないなどの条件付きで開催が認められ、そのまま継続されることになり、現在に至っている。

甲子園野球の復活

ともかくも、戦後の夏と春の大会は再開され、戦前と同様、あるいは戦前以上の盛況を示していくことになった。再開にあたって、その野球観に大きな転換はなく、文字通り戦前の甲子園野球が復活したのである。復活第一回の夏の大会後、飛田穂洲は大会概評を「朝日新聞」八月二三日から連載しているが、彼は「もし学生野球が遊楽の野球と化し、球を追ふ遊戯となる日が来れば学生野球の本義は失はれ、やがて亡滅の日がくるに相違ない。学生野球は飽くまでも心の糧として行はるべきものであり学校教育の一部として厳たる存在でなくてはならぬ。グラウンドは清浄なる広き教室であるとともに徳育の道場でなければならぬ」と相変わらずの持説を主張している。

犠牲的精神、敵闘精神、精神主義といった武士道野球の徳目は、戦後も引き継がれた。甲子園は、そうした徳目を純真な野球少年たちが演じてみせる舞台として復活したのである。ただ、戦前期は、少年たちの純真さは、国家への献身、愛国心に通ずるということで絶対的に肯定されていたのであるが、戦後は少年たちの純真さを最終的に担保する価値はあいまいになった。戦後マスメディアが説くのは、第二八回での「朝日新聞」見出し「青春いまぞ我らに」に謳われているとおり「青春」といったあいまいな象徴である。精神主義や敵闘精神は、「青春」の純真、無垢の発揮であると美化されたのである。

確かに、「青春」の純真さは、多くの人々の共感を呼び起こしはするが、どこか危うさもつきまとっている。戦後の甲子園野球が戦前以上に膨張し、興行化、宣伝道具、悪しき根性主義といった批判が頭をもたげてきたとき、「青春」の純真さだけでは十分な説得力を持ちえないのである。しかし、主催者は相変わらず「青春の燃焼」を唱え続けている。

「朝日新聞」が第七五回記念大会に際して掲げた社説は「新しい甲子園像を求めて」と題され、精神主義などへの反省を語っているが、最終的に主張するのはやはり「若者のひたむきさが生むドラマと、はつらつとしたプレーだ。その伝統あるかぎり、甲子園は永遠であろう」ということである。

楽しい野球

実は、戦後の野球の出発は、戦前の甲子園野球の復活ではない、別な可能性を持っていたように思う。それは、戦後の解放感のなかで遊びの野球、楽しみの野球が各地の少年・青年に自然に大きく盛り上がったことである。現在、アメリカ、ワシントン郊外のメリーランド大学図書館のプランゲコレクションには、戦後占領期に日本の各地で発行された新聞雑誌が膨大に保存されている。その新聞雑誌の多くは、戦後の紙や印刷機械の乏しい時期に、全国各地の青年団・公民館・労働組合等が発刊したものであり、ページごとに当時の無名の青年たちの熱気があふれている。無論、彼らは民主主義を主張し、戦後社会の再建を論じているが、同時にさまざまな文化活動、体育活動を創り出そうとしていることが目を引く。特に野球大会は、重要な行事であった。一例をあげれば、佐賀県藤本郡吉田村青年団の機関誌『あしの葉』は文化部、産業部、婦人部等のさまざまな活動を掲げているが、体育部は野球大会、水泳大会、村民体育大会を催し、特に「今迄の如く競技本位ではなく、娯楽を目的とする」と注記している。娯楽の野球が積極的に目指され、楽しまれているのである。そうした雰囲気は、阿久悠の『瀬戸内少年野球団』や井上ひさしの『下駄の上の卵』などの小説にも鮮やかに描かれている。野球は、物はないが自由で解放的な気分の象徴であったのである。そうした「遊楽の野球」「球を追ふ遊戯」は、戦後の新しい野球観、スポーツ観の形成にとって重要な問題提起であった。

朝日新聞社が主張したようにスポーツはたんに官僚統制から離れて民間に移るだけでは不十分であった。民間の運営に戻っただけでは、戦前と同じように、「遊楽」を全面否定する甲子園野球の復活になってしまった。問題は民間に移ることの先にあって、自己の身体や体力を国家から解放し、個人のものとしていく発想が戦後に必要とされたはずである。実際、それは焼野原に自然発生的に生まれてはいたが、甲子園大会には結びつかなかったのである。そこでの遊びの楽しさは、新しい野球観への第一歩であったのではなかろうか。

参考文献

朝日新聞社『全国中等学校野球大会史』(朝日新聞社、一九二九年)
朝日新聞社『全国中等学校優勝野球大会史』(朝日新聞社、一九四三年)
朝日新聞社『全国高等学校野球選手権大会史』(朝日新聞社、一九五八年)
朝日新聞社『朝日新聞社史　大正・昭和戦前編』(朝日新聞社、一九九一年)
有山輝雄『近代日本ジャーナリズムの構造　大阪朝日新聞白虹事件』(東京出版、一九九五年)
江刺正吾・小椋博『高校野球の社会学』(世界思想社、一九九四年)
ノルベルト・エリアス『文明化の過程』(法政大学出版局、一九七七年)
ノルベルト・エリアス、エリック・ダニング『スポーツと文明化――興奮の探求』(法政大学出版局、一九九五年)
菊幸一『「近代プロスポーツ」の歴史社会学』(不昧堂出版、一九九三年)
久保田高行『高校野球五十年』(時事通信社、一九五六年)
久保田高行『改定新版高校野球百年』(時事通信社、一九七六年)
多木浩二『スポーツを考える――身体・資本・ナショナリズム』(ちくま新書、一九九五年)
エリク・ダニング、ケネス・シャッド(大西鉄之祐・大沼賢治訳)『ラグビーとイギリス人』(ベースボールマガジン社、一九八三年)

飛田穂洲『中等野球読本』(スポーツ良書刊行会、一九三五年)
津金澤聰廣・山本武利・有山輝雄・吉田曠二『近代日本の新聞広告と経営』(朝日新聞社、一九七九年)
津金澤聰廣編『近代日本のメディア・イベント』(同文館、一九九六年)
津金澤聰廣『宝塚戦略　小林一三の生活文化論』(講談社現代新書、一九九一年)
日本高等学校野球連盟『日本高校野球連盟三十年史』(日本高等学校野球連盟、一九七六年)
日本放送協会『放送五十年史』(日本放送出版協会、一九七七年)
橋本一夫『日本スポーツ放送史』(大修館書店、一九九二年)
阪神電鉄株式会社『輸送奉仕の五十年』(阪神電鉄株式会社、一九五五年)
ホイジンガ『ホモ・ルーデンス　人類文化と遊戯』(中央公論社、一九七一年)
広瀬謙三『日本野球史』(日本野球史刊行会、一九六四年)
毎日新聞社『選抜高校野球三十年史』(毎日新聞社、一九五八年)
Dayan, Daniel & Elihu Katz, *Media Events*, Harverd University Press, 1992.(ダニエル・ダーヤン、エリユ・カッツ、浅見克彦訳『メディア・イベント――歴史をつくるメディア・セレモニー』一九九六年、青弓社)

あとがき

小学校以来、体育はもっとも不得意な授業で、なるべく早くすめばよいと思ってすごしてきた。友達と遊びでやる野球は、授業にくらべれば気楽なところもあったが、ボールのほうがバットにあたってくれる偶然だけを期待してバットをふりまわすだけだったし、チャンスに自分の打順にまわらないことを祈っていた。それでもラジオ野球中継は楽しみにしていたし、さらにテレビが始まってからは、熱中したこともあった。

そして、そうした経験さえ忘れていた頃になって、なぜか野球を研究することになってしまった。きっかけになったのは、津金澤聰廣氏が中心となった「マスメディア事業史研究会」に参加させていただいたことである。私は、もともと新聞ジャーナリズムやその基盤となっている新聞の経済的構造を研究していたから、新聞社が明治時代から様々なイベントを作り出し、それが新聞企業の発展に大きな役割を果たしてきたばかりでなく、社会や文化に広い影響を与えてきたことに注目してはいたが、研究会での刺激的な討論によって改めてマスメディアの作り出すイベントの重要性への認識を深めることができた。そこで具体的に新聞社の作ったイベントを研究することになったが、そうなると、最も成功しているのは、どう考えても夏と春の甲子園の野球大会である。

甲子園の野球大会の研究を始めてみると、マスメディアイベントとしても非常に興味深いものであるし、その背後にあるスポーツ文化というものも意外に奥が深く、研究に深入りすることになった。スポーツの歴史的研究は、スポーツの専門家によっては一定の成果をあげているが、これまで歴史研究者はほとんど無視しているようである。しかし、スポーツは、近代日本の文化を考えるうえでも重要な領域ではないだろうか。さらにスポーツ文化・身体文化の底をさぐることによって、思想家中心の思想史では見えてこない近代日本の精神史が浮かんでくるようにも思える。

本書は、マスメディアイベントの研究と近代日本のスポーツ文化の研究との交点のうえに成立させたいと心がけたつもりだ。マスメディアイベントもスポーツ文化・身体文化も、思った以上に難しいテーマだというのが今の実感だが、研究自体はなかなか楽しい経験だったし、大変興味深く広がりのある問題であるので、今後も研究を深めていきたい。

本書の一部は、津金澤聰廣編『近代日本のメディア・イベント』（一九九六年、同文館）とメディア史研究会機関誌『メディア史研究』第一号に発表した論文をもとにしているが、今回ほとんど書き直した。特に前者については刊行後間もない時期にもかかわらず、津金澤氏のご理解によって本書に利用することができたのはありがたかった。

最後に『メディア史研究』に発表した論文に目をとめられ、この歴史文化ライブラリーシリーズの一冊として執筆を奨めて下さり、丹念に編集作業にあたって下さった吉川弘文館編集部の方々に深く感謝の意を表したい。

一九九六年師走

有山輝雄

著者紹介
一九四三年、神奈川県生まれ
一九六七年、東京大学文学部国史学科卒業
一九七二年、東京大学大学院社会学研究科博士課程単位修得退学
現在成城大学教授
主要著書
徳富蘇峰と国民新聞　近代日本ジャーナリズムの構造　占領期メディア史研究　近代日本の新聞広告と経営〈共著〉　現代メディアを学ぶ人のために〈共著〉

歴史文化ライブラリー
14

甲子園野球と日本人
メディアのつくったイベント

一九九七年四月一日　第一刷発行

著　者　有《あり》山《やま》輝《てる》雄《お》

発行者　吉川圭三

発行所　株式会社 吉川弘文館
東京都文京区本郷七丁目二番八号
郵便番号一一三
電話〇三―三八一三―九一五一〈代表〉
振替口座〇〇一〇〇―五―二四四

印刷＝平文社　製本＝ナショナル製本
装幀＝山崎　登（日本デザインセンター）

歴史文化ライブラリー

1996.10

刊行のことば

現今の日本および国際社会は、さまざまな面で大変動の時代を迎えておりますが、近づきつつある二十一世紀は人類史の到達点として、物質的な繁栄のみならず文化や自然・社会環境を謳歌できる平和な社会でなければなりません。しかしながら高度成長・技術革新にともなう急激な変貌は「自己本位な刹那主義」の風潮を生みだし、先人が築いてきた歴史や文化に学ぶ余裕もなく、いまだ明るい人類の将来が展望できていないようにも見えます。このような状況を踏まえ、よりよい二十一世紀社会を築くために、人類誕生から現在に至る「人類の遺産・教訓」としてのあらゆる分野の歴史と文化を「歴史文化ライブラリー」として刊行することといたしました。

小社は、安政四年(一八五七)の創業以来、一貫して歴史学を中心とした専門出版社として書籍を刊行しつづけてまいりました。その経験を生かし、学問成果にもとづいた本叢書を刊行し社会的要請に応えて行きたいと考えております。

現代は、マスメディアが発達した高度情報化社会といわれますが、私どもはあくまでも活字を主体とした出版こそ、ものの本質を考える基礎と信じ、本叢書をとおして社会に訴えてまいりたいと思います。これから生まれでる一冊一冊が、それぞれの読者を知的冒険の旅へと誘い、希望に満ちた人類の未来を構築する糧となれば幸いです。

吉川弘文館

〈オンデマンド版〉
甲子園野球と日本人
メディアのつくったイベント

On Demand
歴史文化ライブラリー
14

2017年（平成29）10月1日　発行

著　者　有《あり》 山《やま》 輝《てる》 雄《お》
発行者　吉 川 道 郎
発行所　株式会社　吉川弘文館
〒113-0033　東京都文京区本郷7丁目2番8号
TEL　03-3813-9151〈代表〉
URL　http://www.yoshikawa-k.co.jp/

印刷・製本　大日本印刷株式会社
装　幀　清水良洋・宮崎萌美

有山輝雄（1943～）

ISBN978-4-642-75414-9